Julius Kraft

Romeo und Julius

Meine Suche nach der großen Liebe
* in 25 Dates

GOLDMANN

Sollte diese Publikation Links auf Webseiten Dritter enthalten,
so übernehmen wir für deren Inhalte keine Haftung,
da wir uns diese nicht zu eigen machen, sondern lediglich auf
deren Stand zum Zeitpunkt der Erstveröffentlichung verweisen.

Dieses Buch ist auch als E-Book erhältlich.

MIX
Papier aus verantwortungsvollen Quellen
FSC® C014496

Verlagsgruppe Random House FSC® N001967

1. Auflage
Originalausgabe August 2019

Umschlaggestaltung: UNO Werbeagentur, München,
unter Verwendung eines Motivs von FinePic®, München
Lektorat: Doreen Fröhlich
DF · Herstellung: kw
Satz: KompetenzCenter, Mönchengladbach
Druck und Einband: GGP Media GmbH, Pößneck
Printed in Germany
ISBN: 978-3-442-15977-2
www.goldmann-verlag.de

Besuchen Sie den Goldmann Verlag im Netz:

**Dieses Buch ist für die Sensiblen,
die Spätzünder, die Verletzlichen und die,
die stark sind, weil sie Schwäche zeigen können.**

#1 Bin ich überhaupt bereit, wieder zu daten?

»Der ganze Ruhm ist nichts wirklich Echtes, weißt du. Vergiss nicht, ich bin auch nur ein Mädchen, das vor einem Jungen steht und ihn bittet, es zu lieben.«

Ich weiß nicht, wie oft ich diese Zeilen schon gehört habe und sich meine Lippen dabei geräuschlos zu denen von Julia Roberts mitbewegt haben, aber ich weiß, dass ich bei jedem einzelnen Mal, wenn Anna Scott im kleinen Buchladen vor William Thacker steht und ihre Hände nervös ineinandergreifen, augenblicklich eine Gänsehaut bekomme, die sich über den Nacken bis in meine Finger zieht. Seit ich denken kann, treffen mich Liebesgeständnisse wie das in *Notting Hill*, und all die Geschichten, die diesen Bekenntnissen eine Bühne bieten, gehören zu meinen Favoriten. Diese Geschichten aus den Märchenbüchern und Zeichentrickfilmen, von Shakespeare, die der 90s-Romcoms und 00er-Serien. Wenn Heath Ledger auf der Highschooltribüne »Can't take my eyes off of you«

singt oder Meredith in *Grey's Anatomy* vor McDreamy steht und ihren Herzenswunsch auf drei Sätze herunterbricht: »Pick me. Choose me. Love me.«

All diese Geschichten, die ich als Kind gesehen und als Jugendlicher verschlungen habe, die heute noch meine liebsten sind, haben etwas gemeinsam. In jeder davon gibt es eine Frau und einen Mann, die sich in einer schicksalhaften Begegnung kennenlernen, in einem Zeitlupenmoment verlieben und daraufhin gegen alle und alles antreten, um zusammen sein zu können. Obwohl ich heute weiß, dass einige dieser Geschichten mit ihren stattlichen Rittern, tödlichen Schlaftränken und ungleichen Geschlechterrollen extrem schlecht gealtert sind, mag ich sie, weil sie die Liebe zwischen zwei Menschen als eine Naturgewalt verstehen. Als das fünfte Element, das Funken sprüht, Flammen entfacht, Herzen zum Beben bringt und Willen brechen kann. Milla Jovovich und Bruce Willis, die gemeinsam das Böse bezwingen. Das hat meine eigenen Erwartungen geprägt. »Disneyvorstellungen«, nennen das meine Freundinnen. »The heart wants what it wants«, sage ich. Und manchmal, so ab und zu, würde sich mein Herz ganz unemanzipiert doch über einen stattlichen Ritter freuen, der es aus den verschwitzen Wänden eines Technoschuppens befreit. Mit diesem Widerspruch kann ich leben. Zum Glück gibt es trotzdem noch eine weitere Liebesgeschichte, mit der ich groß geworden bin, die das Bild zurechtrückt. Eine, die sogar in meiner DNA steckt. Die Geschichte meiner Eltern.

Ihre Begegnung fand in einer Nacht an einem Samstag im Sommer 1985 statt, in welcher zwei Menschen, die sich vorher nur sehnsüchtig über lange Bartresen betrachtet hatten, am Steuer von zwei Autos mit zwei entgegengesetzten Zielen sitzen. Sie ist auf dem Weg nach Hause, er zieht zur nächsten Party weiter. Beide fahren dabei dieselbe Straße entlang, in der es in besagter Nacht durch parkende Autos nur eine befahrbare Spur gibt. Beide sehen das Dilemma kommen, fahren dickköpfig weiter und bleiben direkt voreinander im Scheinwerferlicht stehen. Er steigt aus seinem Auto aus. Sie bleibt in ihrem sitzen. Er geht zu ihrem Fenster. Sie kurbelt. Ihre blonden Haare treffen seine dunkelbraunen Locken, und beide haben weit geöffnete Augen und hochgezogene Mundwinkel, während sie reden, denn sie wissen, dass ihr Moment ein besonderer ist. Zwei Jahre später heiraten sie, sie bekommen drei Söhne, bauen ein Haus, pflanzen einen Baum, adoptieren einen Labrador, dann noch einen, und sie wachen ab jetzt jeden Morgen im Arm des anderen auf. Schlussakkord. Abspann. Happy End.

»Julius?«, hallt Tonis Stimme plötzlich aus dem Lautsprecher meines Smartphones durch meine Eineinhalb-Zimmer-Wohnung in Berlin-Mitte. »Bist du mit deinem Kopf überhaupt noch anwesend?« Ihre Stimme klingt dumpf, weil das Telefon über die letzte halbe Stunde unter einem Berg aus Oberteilen begraben wurde.

»Hey, ja, ich habe dich nur akustisch nicht verstanden. Was meintest du?«, rufe ich zurück zum Kleiderhaufen.

»Akustisch also.« Ich kann Tonis Augenrollen fast hören. »Ich wollte einfach wissen, wen du denn jetzt heute Abend triffst«, sagt sie ungeduldig.

»Achso, sorry.« Ich stolpere über ein Paar Sneaker zum Bett und ziehe mein iPhone unter der Zugspitze hervor. »Ich bin schon etwas aufgeregt, also war ich mit meinen Gedanken vielleicht doch nicht ganz da«, entschuldige ich mich.

»Wo sind wir denn gerade auf der Skala von 1 bis Panikattacke?«

»Eine solide vier?« Mit dem Fragezeichen springt meine Stimme am Ende des Satzes in die Höhe, was ein ziemlich sicheres Zeichen ist, dass ich mich gerade selbst belüge.

»Okay, dann komm erst mal runter und schreib mir danach, wie's war. Ach so, Gähnen hilft übrigens.«

»Bei was?«, frage ich irritiert.

»Beim Aufgeregtsein natürlich.«

»Okay, dann mach ich das. Also das mit dem Gähnen und dem Melden danach auch.«

Ich werfe mein iPhone zurück aufs Bett und betrachte mich im Ganzkörperspiegel des Schlafzimmers. »Bin ich überhaupt bereit, wieder zu daten?«, denke ich, während ich ein moosgrünes T-Shirt in der einen Hand und ein gestreiftes Kurzarmhemd in der anderen vergleichend an meinen nackten Brustkorb drücke. In meinem Outfit für heute Abend ist bis auf das Oberteil alles gesetzt. Das ist immer so, wenn etwas Wichtiges ansteht. Die Jeanshose steht fest, weil ich nur das eine Paar besitze, das wirklich passt, und ich zu faul bin, ein weiteres zu finden, die

Schuhe bleiben dieselben, weil mich dieses Paar mit der dicken Sohle in eine aufrechte Haltung drückt. Mit 28 Jahren habe ich mit meinem Körper einigermaßen Frieden geschlossen, was konkret bedeutet, dass ich mein Gesicht, meine Oberschenkel und Unterarme richtig gut leiden kann und an besseren Tagen weiß, was ich anziehen muss, um mich auch im Rest wohlzufühlen. Nur beim Oberteil tue ich mich mit der Entscheidung immer mal wieder schwer, welches Teil mich am besten unterstützt und durch eine aggressive Sprühattacke Febreze wieder tragbar wird. Bin ich unsicher geworden nach der langen Datingpause, deren Ende ich mit der Verabredung einläute?

Heute treffe ich mich zum ersten Mal mit Lehrer Louis. So steht er in meinen Kontakten, weil er angehender Grundschullehrer ist und weil ich Alliterationen mag. Außerdem wollte ich ihn nicht als »Tinder-Louis« abspeichern. So mache ich das eigentlich, oder so habe ich das zumindest in der letzten Suchphase gemacht. Bis der richtige Nachname ins Spiel kommt, wird dieser in meinem Adressbuch durch die App, den Club oder die Bar des Kennenlernens ersetzt, und Lehrer Louis habe ich vor ein paar Wochen eben bei Tinder gematcht.

»Ach, Tinder«, höre ich Autor Michael Nast, angeblich die deutsche Stimme unserer Generation, in genau diesem Moment irgendwo in Deutschland in einem ausgebuchten Vorlesungssaal zynisch husten, prusten und die Liebe zusammenpusten.

»Ja, Tinder!«, würde ich ihm entgegenrufen, säße ich

mal im Publikum. Generation Beziehungsunfähig – das kann und will ich einfach nicht mehr hören. Als wären wir alle Zombies, die statt Gehirnen Herzen fressen. Als könnten wir uns nicht mehr binden und bräuchten eine Ausrede, wenn es mit dem Dating mal wieder nicht klappt. Es liegt nicht an mir, es liegt an unserer Generation. Bullshit, wenn ich mich einer Generation zugehörig fühle, dann ist das die Generation Michael-Nast-unfähig. Ich will mich mit jemandem fallen lassen, mich mit dem Einen verlieren. Die Naturgewalt spüren und für diese Person vielleicht nicht unbedingt an einem Gift sterben, aber wenigstens mit ihr das Rauchen aufgeben. Jetzt muss ich mich nur noch für ein Oberteil entscheiden.

»Mist!«, denke ich, denn ich bin zwar für das Fallenlassen bereit, vor allem aber auch spät dran. Ich sprinte zurück ins Schlafzimmer, streife das Kurzarmhemd über und greife zum Lieblingsparfum. »Und?«, frage ich mich selbst beim letzten Blick in den Spiegel. Die Frisur: wie gerade aufgestanden. Das Outfit: schlicht. Das Parfüm: zu dick aufgetragen. Alles, wie es sein soll. Im Türrahmen gehe ich mit »Geldbeutel, iPhone, Schlüssel, Zigaretten, Taschentücher, Smint« ein letztes Mal meine Hosentaschen durch. Dann geht alles ganz schnell. Zigarette an. Zigarette aus. Smint rein.

»Julius?«

»Ja!«

Erst im Dave Lombardo, einer meiner Stammkneipen, angekommen, merke ich, dass meine Aufgeregtheit vielleicht doch auf Panikattacke steht, als mir die Kellnerin ein Rollberg-Bier in die Hand drückt. Meine Hand zittert, und das Getränk im Glas schlägt Wellen.

»Alles ist okay. Gähnen, Julius, gähnen«, sage ich mir beruhigend vor, und um herauszufinden, ob Louis das Zittern auffällt, verfolge ich währenddessen die Bewegung seiner braunen Augen. »Oh Mann«, denke ich. Ich bin wirklich unsicherer geworden. Meine letzte Beziehung – der Ire und ich – liegt zwar schon fünf Monate zurück, aber die Trennung hat mich mitgenommen. Mehr, als ich das gedacht und mir anfangs eingestanden habe. Es war eine Beziehung mit »Ich liebe dich« auf meiner Seite und »Ich will dich nicht verlieren« auf seiner, bis er ein beendendes »Aber« nachschob. Das hat mir wehgetan, und hin und wieder denke ich noch an ihn und sein rötliches Brusthaar zurück, und dann erinnere ich mich an die kleinen Momente, die nur wir zwei teilten. Daran, wie er beim Ausräumen meiner Spülmaschine jedes Mal »Wo wohnt das?« fragte, wenn er nicht wusste, in welches Regal er Geschirr und Co. stellen sollte. Das fand ich süß. So süß, dass ich mir heute ziemlich sicher bin, dass er eigentlich immer ganz genau wusste, wo alles hingehörte und auch wie man richtig danach fragen würde. »Wo wohnt das?«, hat er nur für die Flashbacks gesagt. Jetzt aber gähnen, Julius, gähnen, zuhören, im Moment sein, gähnen.

»Bist du müde?«, fragt Louis, als ich mit meinen Gedanken wieder im Lombardo lande.

»Nein, alles gut«, antworte ich verlegen, weil ich mich

über die letzte halbe Stunde bestimmt sieben Mal zum Gähnen gebracht habe, und das, obwohl unser Date eigentlich ganz gut verläuft. Louis erzählt von anstrengenden Tagen im Referendariat, ich erzähle von meinem Job als Redakteur. Er teilt meine Liebe für Pop, ich seine Leidenschaft für Jazz. Er imitiert Trompeter Miles Davis, ich schildere meinen gestrigen Albtraum. Nacheinander lassen wir Anekdoten hinter uns, als wären es Karteikarten, die man nicht mehr braucht, und obwohl ich mein Bier beim Ansetzen wie eine Schnabeltasse mit zwei Händen halte, lacht er über meine Geschichten und legt seine Hand auf meinen Oberschenkel. Er ist locker, ich habe keine Panikattacke.

Jeder von uns trinkt noch zwei weitere Biere und ein Glas Rotwein – ich habe mittlerweile bestimmt eine Stunde lang alle Storylines meiner Lieblingsserien wiedergegeben und einzelne Episoden wie der Redakteur eines Fernsehmagazins mit ein bis fünf Sternen bewertet –, dann zahlen wir die Rechnung.

»Ich bring dich noch nach Hause«, sagt Louis, als wir in die laue Aprilnacht treten. Sein verschmitztes Lächeln kündigt einen Abschiedskuss an. Das gefällt mir.

Vor der Bar befreit Louis sein Fahrrad vom Baum, greift den Lenker mit der einen Hand und nimmt meine in seine andere, und für ein paar Minuten sagen wir nichts, bis wir in meinem Hinterhof ankommen. Ich mache einen Schritt auf ihn zu. Er beugt sich vor, und der erhoffte Kuss passiert. Er passiert nicht in Zeitlupe, ohne Streichquartett, aber er macht unheimlich Spaß. Es macht Spaß, ihn zu küssen, seine Lippen auf meinen zu spüren, neue Lippen zu spüren, nicht-irische Lippen zu spüren, und so ziehe ich ihn wieder und wieder an mich heran. So lange, bis wir beide außer Puste sind und meine Lippen wirklich nicht mehr nach meinen schmecken.

»Ich mach mich mal los«, sagt er irgendwann, tritt einen Schritt zurück und öffnet seine Tasche, die wie die eines Kurierfahrers aussieht. Erst holt er einen Helm heraus. »Das ist gut so. Die Hauptstadt ist ein hartes Pflaster«, denke ich. Dann kommt eine Klammer für das Hosenbein zum Vorschein. Die ist gegen das Verheddern, klar. Gelenkschoner. Wird das nicht ein bisschen viel? Zuletzt zieht der Lehrer eine reflektierende Warnweste in einer offensiven Orange-Gelb-Kombination über seinen schlaksigen Körper. »Das ist zu viel«, denke ich, und augenblicklich bricht aus mir ein Lachen heraus, das auch von einer afrikanischen Tüpfelhyäne stammen könnte. »Bist du ein Fahrradpolizist?«, sage ich neckend und ärgere mich im selben Moment, dass mir kein schärferer Witz eingefallen ist. »Hast du eine Wette verloren?« oder »Legt dir deine Mom immer noch das Outfit raus?« wären zwar auch nicht ideal, aber immer noch deutlich besser gewesen.

Louis grinst. »Man kann nie sicher genug unterwegs sein«, sagt er unbeeindruckt, schwingt sich auf seinen Drahtesel und tritt in die Pedale. Ich reiße einen weiteren schlechten Witz, das Hinterhoftor schließt sich mit einem lauten Knall, und mein Tinder-Date verschwindet so hell strahlend in die Nacht wie ein Glühwürmchen zur Paarungszeit.

Ein paar Tage später lade ich Lehrer Louis zu mir nach Hause ein, um das Knutschen zu wiederholen. Doch als wir vor einer Komödie auf meiner Couch liegen, ist die Leichtigkeit, die wir am Wochenende hatten, komplett verflogen und einem komischen Gefühl des Fremdseins gewichen. Wir tauschen keine Zärtlichkeiten aus und küssen uns nicht. Nichts passiert wirklich, außer dass wir uns gegenseitig ein bisschen über den Rücken kraulen und dabei jetzt gemeinsam gähnen, ohne dass es auch nur einer von uns erzwingen müsste. Die Doppelstunde Netflix vergeht so langsam wie früher der Matheunterricht, und so verlässt der Lehrer das Klassenzimmer noch während des Abspanns mit einem halbherzigen Sekundenkuss.

Irritiert gehe ich zum Balkon, zünde mir eine Zigarette an und puste weißen Rauch so dramatisch in die Berliner Nacht, als wäre ein neuer Papst gewählt. Obwohl ich nicht weiß, was ich in meinem Anfall von Gedankentourette über unsere zwei Dates vielleicht verpasst habe, schnappe ich zwischen den Zügen an der Kippe Luft und bin dem Lehrer noch in diesem Moment dankbar. Denn – wie jeder gute Pädagoge hat mir Louis geholfen, etwas zu erkennen, was ich vorher nicht gesehen habe.

Ich weiß jetzt, dass ich das wirklich wieder oder immer noch kann, das mit dem Dating, dem Knutschen und sich auf etwas Einlassen. Dass ich sehr wohl bereit bin. Aber ich weiß auch, dass ich ein bisschen nachsichtig mit mir sein muss. Mein letzter Fahrradunfall – die Trennung vom Iren – liegt schließlich noch nicht so lange zurück. Die Erinnerung an den Schmerz steckt mir noch in den Knochen. Deswegen ziehe auch ich mir jetzt besser ein paar Schützer an auf meiner Gralssuche nach der großen Liebe. Und morgen – morgen steige ich dann zurück aufs Rad. Fahre mit 12 km/h behutsam, aber mit offenen Augen durch Berlin. Trage einen Helm, aber keine Knieschoner, dafür eine Warnweste, auf der in großen Neonbuchstaben »AUF DER SUCHE NACH ROMEO« steht. Ich bin sicher, er wartet schon.

#2 Wie spricht man Männer an?

»Sorry! Aber dann lass uns doch nächstes Wochenende was machen, okay?«

Es ist Freitagabend, ich sitze in der WG-Küche von Toni und Pia und lese Benjamins iMessage, die vor ein paar Minuten im Sperrbildschirm meines Smartphones aufgepoppt ist.

»Klar, alles easy. Wir holen die Drinks am nächsten Wochenende nach«, tippe ich ins iPhone und setze einen zwinkernden Smiley dahinter, obwohl – gerade ist mir so gar nicht nach zwinkern, und in der Realität sehen meine Zwinkerversuche sowieso eher so aus, als würde ich einen epileptischen Anfall haben. Ich hatte mich wirklich auf das Treffen mit Benjamin gefreut, und seine kurzfristige Absage finde ich gerade ehrlich ziemlich beschissen. Trotzdem antworte ich unbekümmert, weil mir Pia noch vor einer halben Stunde genau hier am Küchentisch einen Vortrag darüber gehalten hat, was es zu beachten gibt, wenn man sich wieder ins Dating-Game stürzt.

»Schau dir erst mal an, wen es da draußen so gibt und wer dir richtig gefällt«, hat sie dabei am Anfang ihrer Rede gesagt. »Play the field« im Mittelteil. Und »Wenn du in der Dating-Tombola den Hauptgewinn oder zumindest einen Bären zum Kuscheln ziehen möchtest, musst du beim Schreiben und bei den ersten Treffen schön cool bleiben. Den emotionalen Ballast schmeißt du ihm noch früh genug ins Gesicht« am Ende. Eigentlich mag ich diese erzwungene Lockerheit nicht. Ich weiß gar nicht, ob ich das draufhabe. Das mit der Alles-easy-Attitüde. »Bloß nicht zu früh zu viel Interesse zeigen, das killt die Spannung, das nimmt den Jagdtrieb«, wird einem in Frauenmagazinen geraten. Dabei klingt »zu früh, zu viel« ganz nach meinem Motto, wenn es um die Liebe geht.

Benjamin habe ich zeitgleich mit Lehrer Louis vor vier Wochen bei Tinder gematcht. Seitdem schreiben wir viel über dies und das, schicken uns Selfies und teilen Dinge, die uns am Tag passiert sind. Unsere Kommunikation ist meistens eher belanglos und findet hauptsächlich mit einem Ziel statt: in Kontakt zu sein. Trotzdem hat sie eine Nähe zwischen uns kreiert, als wären wir schon weiter in unserer Beziehung, und das, obwohl ich kaum harte Fakten über ihn kenne. Ich weiß, dass Benjamin Schauspieler ist, dass ihm seine Familie viel bedeutet, und ich bilde mir ein, dass er einen gewissen Altherrencharme besitzt. Nicht im »Ich erkläre dir bei ’nem Korn die Welt und reiße einen rassistischen Witz«-Sinn, sondern dass er Türen aufhält, Stühle zurückzieht und einem subtil andeutet, wenn man Spinat zwischen den Zähnen hat. Ob das wirklich so ist, weiß ich natürlich nicht, und es wird jetzt noch länger dauern, bis ich es herausfinde. Bis vor zehn Minuten wollten Benjamin und ich uns morgen Abend auf ein paar Bier treffen, jetzt schließt er sich kurzfristig Freunden an, die eine Ferienwohnung auf Fehmarn gemietet haben.

»Shit«, denke ich, als ich mich obendrauf an meiner Weißweinschorle verschlucke. Nicht nur wird jetzt eine weitere Woche vergehen, in der wir uns nicht sehen, sondern auch eine, in der ich nicht aus meinem Alltag herauskomme, der sich aktuell in etwa so gestaltet wie der von Senioren im Heim, nur dass Bingo fehlt, was ich persönlich ein bisschen schade finde.

Obwohl das Date natürlich erst mal wichtig ist, damit Benjamin und ich uns live und ohne Filter kennenlernen, ist es auch wichtig für mich – weil ich mich in eine neue Situation mit einem neuen Menschen schmeiße. Solche Situationen, die außerhalb meines engen Freundeskreises, meiner Wohnung und dem Job stattfinden, fallen mir aktuell wieder besonders schwer. Generell habe ich eine ziemlich große Grundangst vor dem schattigen Reich, das außerhalb der Komfortzone liegt, auch wenn mich Internet-Memes immer wieder überzeugen wollen, dass genau dort die tollsten Sachen passieren. Unglaubliches passiert. Der Gedanke, alleine auf eine Party zu gehen, auf der ich bis auf die Gastgeberin niemanden kenne, ängstigt mich aber. Genauso wie der Berlin-Mitte-Laden um die Ecke, der Superfoods wie Chia-Samen,

Goji-Beeren und alles mit viel zu viel Avocado verkauft und in dem Frauen und Männer arbeiten, die porenlose Gesichter zu haben scheinen. Danke Simba, aber *den* Elefantenfriedhof besuchst du lieber ohne mich. Zazu ist raus! Trotzdem muss ich die Angst manchmal überwinden, wenn ich nicht das Gefühl haben will, in meinem eigenen Leben stehenzubleiben, und ein Date, bei dem es die Möglichkeit gibt, den Mann meiner Träume kennenzulernen, scheint mir die beste Gelegenheit dafür.

»Es gibt so wenige Typen, die gut lecken.« Pias neueste Bettgeschichte stoppt mein Gedankenkarussell und schubst mich vom Schimmel an den Küchentisch. »Der Letzte war so schlimm«, lacht sie in die Runde. »Es fühlte sich gerade so an, als hätte er ein Wattepad nass gemacht, um mich damit untenrum abzuschminken. So richtig vorsichtig, damit meine Haut nicht irritiert wird oder gar rötet.«

Solche Geschichten hat Pia immer auf Lager, und jetzt, wo Kim Cattrall weiteren *Sex and the City*-Filmen eine Absage erteilt hat, bin ich mir sicher, dass sie die Rolle der Samantha übernehmen sollte, wobei sie sich selbst dafür sicher zu cool wäre. Im Gegensatz zu Toni und mir steht aufregender Sex für Pia in den meisten Fällen über Romantik und Altherrencharme.

»Alles gut bei dir?« Toni grinst von der anderen Seite des kleinen IKEA-Tisches.

»Alles prima«, antworte ich und zünde mir etwas trotzig eine Zigarette an. »Alles gut?« – diese Frage nervt mich mittlerweile tatsächlich ein bisschen, weil sie mir in den vergangenen Monaten in jeder Konversation mindestens viermal gestellt wurde. »Alles gut?«, das sollte man mich nach fast sechs Monaten Trennung wirklich nur noch fragen, wenn ich gezwinkert habe und ein epileptischer Anfall befürchtet wird.

»Ich hol uns eine Runde Gin Tonics, yes?«, rufe ich den Mädels euphorisch entgegen, als wir eine Stunde später vor dem DJ-Pult des Bohnengolds in der Reichenberger Straße stehen. Eine halbe Flasche Riesling hat auch meine Stimmung endlich auf Touren gebracht und das Best-of-Album von ABBA meinen Opa-Modus auf Stand-by geschaltet. »Für uns alle besser so«, denke ich. Die Mädels nicken.

Ich streife durch das vernebelte Hinterzimmer, in dem getanzt wird, bis ich am vollen Tresen lande. »Entschuldigung!«, rufe ich dort erst, um die Aufmerksamkeit der Barkeeperin auf mich zu lenken. Dann: »Drei Gin Tonic, bitte!«, ohne Erfolg. Beim dritten Versuch, der jetzt eher ein jämmerliches Betteln und Beweisen ist, dass auch ich ein Mensch bin, der das Bestellte verdient, quetscht sich eine neue Person neben mich, und zwei große Hände stützen sich ab. Mein Blick wandert die linke Hand des Unbekannten, die neben meiner rechten liegt, nach oben und folgt langsam einer herausragenden Ader bis zur Ärmelkante des T-Shirts.

»Oh wow« liegt mir sofort auf den Lippen. Prominente Adern stehen schließlich ganz oben auf der Liste meiner Turn-ons, also dem, was mich bei Männern körperlich anmacht. Gefolgt werden sie von Muttermalen, Bart, am besten viel, dunklen Augen, dicken Augenbrauen, einer Frisur zum Verwuscheln, alternativ geht auch ein militärischer Kurzhaarschnitt, Brustbehaarung, getrimmt, aber auch viel, und einer römischen Nase. Maximus – mit diesem lateinischen Porno-Namen habe ich den Unbekannten in Gedanken bereits getauft – erfüllt alle Kriterien.

Auch die Barkeeperin hat anscheinend ein Auge für Perfektion, und so bestellt Maximus vor allen anderen Wartenden eine Runde Drinks, bezahlt, nimmt die Getränke so gekonnt in seine großen Hände, als hätte er selbst mal als Kellner gearbeitet, wieder »wow«, und stürzt sich zurück in die Rauchwolken, verschwindet, swoosh, weg.

»Was willst du denn?«, fragt die Frau hinter der Bar nach Maximus' Abgang jetzt auch in meine Richtung. »Ihn«, denke ich und antworte mit erhitzten Wangen, die auf Alarmstufe Rot stehen, und einem Herzschlag, wie ihn Profisportler beim »Auf die Plätze« haben müssen: »3 Gin Tonic, bitte, und … und einen Schnaps.«

Zurück in der ersten Reihe vorm DJ-Pult ist die Stimmung ausgelassen, obwohl das Techno-Set gerade ziemlich zahm vor sich hin dudelt. Im Rausch scheint das die anderen Partygäste aber weniger zu stören. Bei jeder noch so kleinen Variation werfen sie mit Gliedmaßen, Haaren und Kiefern so wild um sich, als fänden hier gerade Auditions für Beyoncés Backgroundtänzerinnen statt. Man nimmt eben, was man kriegt, und macht das Beste draus, und so starten auch Toni, Pia und ich ein

Dance-Off, in dem wir abwechselnd zu den schlimmsten Moves aus unseren jeweiligen Repertoires greifen und in der Ausführung irre Grimassen schneiden. Toni versucht sich an Voguing, Pia macht etwas, das bei ihr sexy und einfach aussieht und bei mir hölzern und schwerfällig wirken würde, ich mache themengerecht die »Single Ladies«. Wir nehmen den Wettbewerb ernst. So ernst, dass mein T-Shirt schon nach kürzester Zeit fest an meinem Brustkorb klebt und Schweißperlen über meinen Rücken laufen. Um abzukühlen und auch in der leichten Hoffnung, Maximus wieder anzutreffen, setze ich mich daher erneut in Bewegung. Ich nehme die Treppe in den Keller, die Toni und Pia nur »die Horrortreppe« nennen, weil sie extrem steil und eng ist, und haue mir auf der Toilette des Gewölbes kaltes Wasser ins Gesicht und unter die Achseln.

»Ob Maximus schwul ist?«, frage ich mich beim angetrunkenen Blick in den Spiegel. Oder bi? Ob er mich gesehen hat? Er muss mich ja wahrgenommen haben. Hätte ich ihn ansprechen sollen? Aber was hätte ich dann sagen können? »Hi, ich mag dein Brusthaar«? Wie spricht man Männer überhaupt an? »Play the field«, hatte Pia doch eben noch gesagt. Warum fällt mir das so schwer?

Mein Spiegelbild antwortet nicht, und so biege ich um die Ecke der Toilette und bleibe am unteren Ende der Horrortreppe stehen, um zu checken, ob sie frei ist. Ich schaue nach oben und tatsächlich – Brusthaar, Bizeps, breites Kreuz –, da ist er. Maximus im Schwarzlicht. Und noch im selben Moment fangen meine Wangen Feuer, der Profisportlerherzschlag setzt wieder ein, und mein Kopf schaltet wie automatisch auf Tagtraum. Hauptdarsteller: Maximus.

Im Traum kommt Maximus zügig die Treppe runter, fasst meine Hand und zieht mich wortlos zurück in die Kabine der Toilette. Wie besessen fahren meine Finger sofort von den Sehnen seiner Gelenke über die Adern nach oben, bis meine Nägel in Oberarmmuskeln versinken. Mein Atem wird schwer, der Puls setzt aus. Mit seinen großen Händen umgreift er meine Handgelenke und drückt mich gegen die Kabinentür. So fest, dass ich nicht mehr graben, nicht mehr forschen kann, ich ihm ausgeliefert bin. Dann – dann küsst er mich. Direkt, intensiv, erst ohne Zunge, dann mit und wie. Meine Beine werden Pudding. Ich befreie mich aus der unterwürfigen Stellung und berühre sein hervorstehendes Becken. Erst taste ich es sanft ab, ganz langsam, dann greife ich stärker in seine Hüfte, so, dass ich die Knochen spüre. Ich beiße in sein linkes Ohrläppchen, er dreht mich mit einer ruckartigen Bewegung um, stöhnt »Oh Julius« durch meine verschwitzten Nackenhaare und öffnet die Knöpfe meiner Jeans. Erster Knopf auf. Zweiter Knopf …

»Was stehst du denn so blöd hier rum?«, werde ich durch einen Stoß gegen meine Schulter aus dem Traum gerissen. Irritiert schaue ich in den Flur und sehe nur noch das Kreuz von Maximus, wie er alleine in der Kabine verschwindet, swoosh, weg ist. Fuck!

Meine Beine zittern noch, als ich Toni entdecke, die alleine auf einer Bank am Rand sitzt und mit ihrem Smartphone spielt.

»Hast du Pia verloren?« Ich setze mich zu ihr, gedanklich noch in der Kabine.

Toni schüttelt den Kopf. »Da!« Sie zeigt auf die Tanzfläche, wo Pia inmitten einer Gruppe schöner Südländer mit einem dunkelhaarigen Typen knutscht.

»Ugh, sie kann das irgendwie besser, ihre Träume zur Realität machen«, denke ich und beginne meine Erzählung vom Hauptdarsteller mit dem lateinischen Pornonamen.

»Und du bist dir sicher, dass Maximus echt ist?«, unterbricht mich Toni gegen Ende. »Vielleicht ist der Typ ja nur eine Fata Morgana. Du bist ja gerade schon ziemlich ausgehungert«, lacht sie nach.

»Ach Quatsch«, sage ich voller Überzeugung, und doch zweifle ich jetzt insgeheim einen Moment an mir und meinem Verstand. Habe ich mir Maximus' Existenz nur eingebildet, weil ich so dringend Nähe brauche? Wirke ich auf Freunde schon so ausgezehrt? Und am schlimmsten: Waren sie etwa doch im Recht, wenn sie mich gefragt haben, ob es mir gut geht, weil sie ahnten, dass ich mir mittlerweile Männer ausdenke?

»Das glaubst du nicht wirklich, oder?«, versuche ich mich bei Toni abzusichern, dass ich doch noch alle Sinne beisammenhabe, alle Tassen im Schrank, gedanklich bereite ich mich aber bereits darauf vor, wie ich mich am Montag selbst in eine Klinik für mentale Gesundheit einweisen werde. Patient auf unbestimmte Zeit.

»Nein, das war doch nur ein Scherz, Julius«, sagt Toni,

und wie bei einer Geisterbeschwörung tritt Maximus im selben Moment vor uns aus einer Rauchwolke und bahnt sich den Weg Richtung Ausgang.

»Puh«, denke ich, und die Erkenntnis »Das ist die letzte Chance!« schießt durch meinen Körper. Stimmt, das ist die letzte Chance. Es ist die letzte Chance, Pias Mantra wahr zu machen, Maximus anzusprechen und mit ihm nicht nur im Traum, sondern irgendwann wirklich zu knutschen. Also nehme ich all den Mut, den ich zusammenkratzen kann, zusammen und stürze ihm in den ruhigeren Vorderraum des Bohnengolds nach. Ich dränge mich zwischen Frauen in Momjeans und Männern in schwarzen T-Shirts, mein Blick ist fest auf seine Hand gerichtet. Da würde ich ihn gleich festhalten, denke ich und werde ruhiger. Ich würde »Hi« sagen, mir den Kommentar mit dem Brusthaar unterdrücken und ihm stattdessen das Taschentuch zustecken, das ich trotz Tonis Zweifel eben noch schnell mit meiner Nummer bekritzelt habe. Cool wäre das, denke ich, ein bisschen irre, ein bisschen romantisch auch, aber cool, und während ich das Taschentuch in einer Zukunftsvision bereits in unserer gemeinsamen Prenzlauer-Berg-Wohnung aufhänge, eingerahmt, als Erinnerung an den Start unserer Beziehung, weil ich an diesem Abend so mutig war und ihn das gleich von mir überzeugt hat, da greift eine andere große Hand in die von Maximus. Mein Blick, der gerade noch ganz schmal fokussiert war, weitet sich, der neue Mann küsst ihn in den Nacken, ich bleibe stehen, Maximus legt seinen Arm um den Neuen, und swoosh, es passiert wieder, jetzt sind sie beide weg. Warum bin ich eigentlich davon ausgegangen, dass Maximus Single ist?

Geknickt laufe ich zurück ins wabernde Hinterzimmer, doch nach der Hälfte der Strecke richtet sich mein Kreuz auf, und als ich an der Bank lande, wo zu meiner Überraschung jetzt nicht nur Toni, sondern auch Pia wartet, schwillt meine Brust sogar ein bisschen.

»Alles gut bei dir?«, fragt mich Toni ein zweites Mal an diesem Abend, nach meiner Flucht jetzt ziemlich berechtigt.

»Es ist alles am besten«, flüstere ich ihr ins Ohr und werde stolz auf mich. Ich bin heute aus meiner Komfortzone herausgetreten, habe die Füße ins schattige Reich gestellt. Manchmal klappt das mit auf dem Elefantenfriedhof. Manchmal bin ich sogar Simba. Und »Wie spricht man Männer an?« – das kann ich jetzt auch beantworten. Man macht es einfach. Man macht es auf seine eigene Art. Vielleicht zu früh, mit zu viel Interesse. Vielleicht mit einem zerrupften Taschentuch, auf das man seine Nummer gekritzelt hat. Vielleicht am Rande des Wahnsinns, aber man macht es. Na ja, oder man versucht's eben. Das Taschentuch behalte ich ab heute jedenfalls vorsichtshalber im Geldbeutel. You never know. Außer das: Es gibt immer einen nächsten Maximus.

#3 Erkenne ich die Zeichen richtig?

Ich wache auf, drehe mich auf die Seite, rutsche näher an Benjamin und lege meinen Kopf in der Kuhle seiner Achsel ab. In der Kuhle fühle ich mich bei Männern am meisten aufgehoben. Da ist es warm, da bin ich beschützt, da hat die Außenwelt nichts zu suchen. In der Kuhle kann ich auch mal einen ganzen Tag verbringen, beziehungsweise ich könnte mir auch wirklich gut vorstellen, dort mal ein ganzes Jahr lang zu leben oder sogar länger. Ich würde dann aus der Kuhle heraus mein Smartphone nehmen und einfach ein paar Mails schreiben, und das war's. Eine Mail würde an die Arbeit rausgehen mit der Kündigung, eine Sammelnachricht an meine Freundinnen und Freunde, dass ich jetzt eine dieser 2-in-1-Pärchen-Personen geworden bin, die wir alle immer gehasst haben, ich aber glücklich bin und sie sich keine Sorgen machen sollen, und eine an meine Eltern mit einem großen SORRY, aber man könne ja telefonieren. Und dann würde ich in der Kuhle bleiben, zwischendurch mal die Beine und Arme stretchen, damit die Muskeln nicht ganz verkümmern, zur Tür gehen, Lieferservice entgegennehmen, Pizza essen, wieder in die Kuhle, gemeinsam duschen, Malbec trinken, Sex haben, Kuhle, eine Zigarette danach, einschlafen, aufwachen, Kuhle, Zähne putzen, Kaffee trinken, Kuhle, Film schauen, über den Film quatschen, Deliveroo, Kuhle, sich gegenseitig Onlineartikel und Bücher vorlesen, weiter Kuhle, die Wohnung wirklich nur verlassen, um wählen zu gehen, Bad nehmen, mit Mama telefonieren, Kuhle. So wäre das Leben dann, jeder Tag ein Sonntag, nur noch Kuhle. So lange, bis der Vermieter gewaltsam die Tür aufbrechen lässt. Wer braucht schon Karriere, wenn er Kuhle haben kann.

»Guten Morgen«, sagt Benjamin, als er merkt, dass ich wach geworden bin. Seine Stimme klingt rauer als die Male davor. Die Schachtel Marlboro vom gestrigen Abend muss sich auf seine Stimmbänder gelegt haben.

»Guten Morgen«, flüstere ich zurück, gebe ihm einen Kuss auf seine Schulter, die durch die hereinstrahlende Sonne ganz heiß geworden ist, und will meinen Kopf gerade wieder in die Kuhle legen, da fährt sein Körper wie im Reflex nach oben.

»Ich springe schnell unter die Dusche«, sagt er. Er setzt sich auf die Bettkante, zieht seine Boxershorts hoch und verschwindet im Badezimmer.

»Okay«, rufe ich nach, als der Duschkopf schon anspringt, dabei fühle ich mich alleine im Bett zurückgelassen plötzlich gar nicht mehr so okay, sondern eher wie beraubt. »Das war jetzt schon sehr abrupt«, denke ich, und an der Stelle in meiner Brust, wo die letzten Tage ein Airbus nach dem anderen gestartet ist, macht sich ein neues Gefühl breit, ein ungutes, mulmiges. Eine böse Vorahnung breitet sich aus, und in meinen Kopf schießen augenblicklich Fragen: Hatte Amelie doch Recht mit ihrer Einschätzung? Habe ich die Zeichen falsch gelesen? Oder warum sollte ich der Kuhle sonst so blitzartig beraubt werden?

»Verkauf dich nicht unter Wert«, hängt Amelies Stimme in meinem Ohr, und während Benjamin seinen Körper unter den Duschkopf hält, spule ich für die Beantwortung der Fragen gedanklich eine Woche zurück und nehme eine neue Rolle an: Kommissar Kraft – auf der Suche nach Indizien.

Es ist Samstagfrüh, und ich fahre so enthusiastisch aus meinem Bett, als wäre ich wieder sieben, und das Christkind war da und hatte Geschenke mit. Kein Wunder, heute treffe ich mich endlich mit Benjamin, dem viel schreibenden Schauspieler, der mir letztes Wochenende so kurzfristig abgesagt hatte. Den ganzen Tag verbringe ich ein bisschen so, als wäre ich high. Ich mache einen Frühjahrsspaziergang und bewundere, wie die Blumen blühen, ich tauche Weißbrot in Olivenöl und ziehe es durch dicke Meersalzkörner, als wäre das die kulinarische Offenbarung schlechthin, und ich arbeite fürs Magazin vor und schreibe 2.000 Worte über die besten Jacken fürs Übergangswetter, was ich ohne Deadline sonst nie machen würde. Auch am Abend bin ich eher fröhlich als aufgeregt, selbst zehn Minuten vorm Date noch. Selbstsicherer. Der Mut, den ich bei Maximus aufgebracht habe, hat meinem Ego einen ganz kleinen, aber wichtigen Push gegeben. Und genau so treffe ich Benjamin im Roten Raben, der Kreuzberger Bar mit den besten Kellnerinnen: ganz entspannt.

Benjamin und ich verstehen uns auf Anhieb. Das lange Schreiben über die letzten Wochen hat sich ausgezahlt. Die Umarmung beim Begrüßen, die Bestellung der Drinks, der Small Talk zum Warmwerden – nichts ist awkward, alles fühlt sich gut an, und auch mein Körper spielt heute mit. Meine Backen bekommen keine hektischen Flecken, und meine Stimme bricht nicht inmitten eines Satzes, so wie sie das aufgeregt sonst manchmal macht. Meine Stimme muss ich sowieso weniger nutzen als gewöhnlich bei Dates. Oft bin ich da der Gesprächsführer. Gar nicht, weil ich das will, sondern weil wortkarge Männer irgendwie meinem Typus entsprechen. »Okay«, höre ich sonst oft nach einer Erzählung. »Finde ich auch gut«, antworten sie dann, ohne eine Gegenfrage zu stellen, und so fülle ich die Pause eben mit mir und meinen Geschichten. Benjamin aber redet gerne, und so kann ich mich heute ausnahmsweise zurücklehnen. Er teilt mit mir das letzte Vorsprechen, das er für eine kleine Rolle beim *Polizeiruf* hatte, die Hochzeit seiner besten Freundin auf Mallorca, wie er den DJ dort mit seinen Musikwünschen so wütend gemacht hat, dass der irgendwann ein Glas Champagner nach ihm warf, und die Kennlerngeschichte seiner Großeltern, die dem Film *Wie ein einziger Tag* entsprungen sein könnte.

»Ich finde dich echt gut. Du hörst gut zu«, sagt er dabei irgendwann zwischen den Storys und lächelt. So, als ob auch er gerne eine Liebesgeschichte wie die seiner Großeltern erleben würde und ich ein potenzieller Anwärter für den freien Posten wäre. Und während er in eine neue Story eintaucht, nimmt er eine Zigarette aus der Schachtel, reicht sie über den Tisch und gibt mir Feuer, bevor er sich selbst eine ansteckt. »Ding, ding, ding«, klingelt es durch meinen Kopf. 100 Punkte für Altherrencharme.

»Da könnte wirklich was sein«, denke ich, als wir um kurz vor zwölf die Rechnung bezahlen, und Lieblingsbarkeeperin Sofia nickt mir zu, als wolle sie meinen Gedanken heimlich bestätigen. Als hätte sie uns beobachtet und belauscht und das Match für gut befunden.

Vor der Bar verabschiede ich mich von Benjamin erst mit einer langen Umarmung. Ich drücke mich dabei fest in seine Jeansjacke, er drückt sich in meine Bomber und umgreift meine Taille. So halten wir uns eine ganze Weile, dann gehen wir einen Schritt auseinander, sehen uns an, gehen wieder aufeinander zu, und auf die Umarmung folgt ein Kuss. Der Kuss ist nicht lange. Er ist gerade so lang, dass er als echter Kuss durchgeht. Er ist flüchtig und trotzdem intim. Es ist ein perfekter erster Kuss. Einer, den man direkt vermisst, sobald er sich von den Lippen hebt.

»Ich hätte die Tage gerne noch mehr von dir«, schreibt

Benjamin, als ich auf dem Weg nach Hause alleine in der U8 Richtung Wittenau sitze. Ich schicke einen Smiley zurück und grinse durch die Bahn, immer noch high.

Am folgenden Dienstagabend bin ich am Schlesischen Tor unterwegs. Ich singe in einem Chor, der hier jede Woche im Hinterzimmer einer Bar Popsongs einstudiert, um sie später in Kneipen mit einem Bier in der Hand inbrünstig aus der Kehle zu jagen. Für ein paar Stunden proben wir dafür. Danach gibt es Drinks, Zigaretten, Gruppentherapie und kostenlose Jobberatung. Weil Benjamin in dieser Ecke der Stadt wohnt, habe ich ihn eingeladen, bei der Therapie auf einen Riesling dazuzustoßen. »Direkt raus aus der kleinen Zweierblase«, dachte ich. Er ist ja kommunikativ und aufgeschlossen, er kann das ab.

Als die Probe vorbei ist, laufe ich zusammen mit Amelie und sechs weiteren Chormitgliedern zum Banja Luka, einem Biergarten, in dem wir häufig landen. In Sachen Liebe ist Amelie im Chor meine Partnerin in Crime. Auch sie ist irgendwo in ihren Zwanzigern, Single und suchend, dabei könnte man sich in ihren braunen Augen so gut verlieren und in ihren dunklen Haaren wie in der Kuhle bestimmt Tage, Wochen oder Jahre verbringen. Ganz zu schweigen davon, dass sie erfolgreich als Journalistin arbeitet und eine dieser Personen ist, denen in Diskussionen immer ein besserer Konter einfällt als einem selbst.

»Bist du aufgeregt, dass er kommt?«, fragt sie, als wir im Biergarten zwei kleine Klapptische zu einem großen zusammenschieben.

»Gar nicht«, sage ich. »Ich freue mich einfach auf ihn!«

Nach zwanzig Minuten textet Benjamin, er würde am Tor warten. Lautstark ziehe ich meinen Stuhl über den Kiesboden nach hinten und begebe mich zum Eingang. Er sieht mich, ich sehe ihn, wir küssen uns, und es ist wie beim ersten Mal. Kurz, fast flüchtig, aber intim. Ich nehme seine Hand und gehe voran zum Chor-Tisch, wo er neben mich rutscht. Und nach kurzer Zeit, in der ich immer wieder an meine Seite zu ihm schaue, wird eine neue Dosis Dopamin ausgeschüttet. Nicht nur ist Benjamin direkt in den Gesprächen drin, sagt seine Meinung zu politischen Themen und mischt sich in die Frage ein, ob wir wirklich mehr Fahrradwege in Berlin brauchen, gerade jetzt merke ich auch, wie attraktiv er ist. Klar, seine Jeans sitzt ein bisschen zu locker, und seine Haartolle ein bisschen zu steif, aber ich mag seine Tolle und seine grünen Augen und das abgewetzte Arbeiterhemd, über das Farbe vom Streichen gesprenkelt ist. Und dieses verschmitzte Lächeln, das Selbstsicherheit und einen Ticken Gefahr ausstrahlt, das mag ich auch. In einen wie ihn könnte ich mich verlieben.

Irgendwann gehe ich mit Amelie eine letzte Runde Drinks holen, weil ich den Abend gerne mit einem Herrengedeck abschließe und ich ihr Urteil über Benjamin hören möchte.

»Und was denkst du?«, sage ich und zwicke ihr kindisch in die Seite. Jetzt bin ich doch aufgeregt.

»Ja«, stottert sie. »Ich sehe schon, warum du ihn gut findest, aber …«

»Aber?«, wiederhole ich überrascht. Mit einem »Aber« habe ich so gar nicht gerechnet.

»Na ja, wie soll ich das sagen«, sagt Amelie erst mal vorsichtig. »Nimm mir das bitte nicht übel, aber ich finde es schon komisch, dass er uns bisher so wenig gefragt hat. Also ich weiß gar nicht, ob er uns überhaupt eine Frage gestellt hat.«

»Ach, bestimmt ist er nur aufgeregt und will sich bei euch beweisen.«

»Das glaube ich halt nicht«, sagt sie jetzt härter. »Es wirkte eher so, als würde er sich nicht für uns interessieren.«

»Das sagst du doch nur, weil er Schauspieler ist. Die reden halt mal gerne über ihre Arbeit, ihre Kunst, nehmen sich mal kurz zu wichtig«, gehe ich in die Defensive über, weil ich merke, dass da noch mehr kommt.

»Julius, Jules – er hat jede Geschichte an sich gerissen und es im Weitererzählen immer wieder geschafft, ein Kompliment an sich selbst einzubauen. Und das nicht so subtil, wie er dachte. Es tut mir echt leid, aber der Typ ist ein waschechter Narzisst. Ich könnte mir gut vorstellen, dass im Duden anstatt einer Begriffserklärung sein Gesicht auftaucht und er damit selbst Luke Mockridge verdrängt hat.«

Das hat gesessen.

»Was ich damit sagen will …« Als ich mich mit den Shots in der Hand schon beleidigt umdrehen will, legt Amelie ihre Hand auf meine Schulter. »Es ist ja okay, wenn du dich trotzdem mit ihm triffst, mit ihm eine Affäre hast. Ich will einfach nur, dass du ihn dir richtig anschaust und erkennst, was das ist. Achte einfach mal drauf, auf die Zeichen, die Red Flags, was ein rotes Tuch sein könnte. Und – verkauf dich nicht unter Wert.«

»Das ist doch Quatsch«, denke ich im Garten, und als hätten bei diesem fernen Gedanken seine Alarmglocken geläutet, beruhigt mich Benjamin sofort mit einem schönen Kuss auf meine Wange. »Das würde einem Narzissten doch nicht einfallen. Der würde doch nicht so sehr auf mich und meine Stimmung achten«, halte ich mir selbst einen inneren Monolog. Ja, Benjamin redet gerne über sich. Vielleicht ein bisschen zu viel. Aber das mache ich auch, wenn ich mich in einer neuen Gruppe noch nicht ganz wohl fühle. Er will doch auch nur eine Liebesgeschichte wie die seiner Großeltern, da schießt man mal übers Ziel hinaus in der Suche. Da reißt man schon mal einen schlimmen Witz. Aber – die Signale würde ich schon erkennen. Ich würde die schon sehen. Habe ich nicht, oder?

Zurück in meiner Wohnung huscht Benjamin nach der Dusche an mir vorbei in die Küche und geht zum Kühlschrank. Er schenkt sich ein Glas Milch ein, trinkt es in einem Zug, füllt es noch mal auf und setzt sich mit dem vollen Glas wieder auf die Bettkante.

»Ach, das hat mir gutgetan«, sagt er mit einem weißen Streifen über der Lippe.

»Die Milch?«, grinse ich und wische mit meinem Finger den laktosefreien Schnauzer weg.

»Die Milch, die Dusche, der Abend mit dir.«

Gestern Abend habe ich Benjamin zum dritten Mal getroffen. Diesmal wieder alleine, nur mit Drinks und Kippen. Wieder habe ich über seine Erzählungen gelacht, und wir haben noch in der Bar geknutscht, und er hat mir Komplimente gemacht, wie aufmerksam ich wäre und dass meine Augen ihn so schön anstrahlen würden, und da habe ich ihn mit nach Hause genommen. Nicht um miteinander zu schlafen, na ja, vielleicht für ein bisschen Dr.-Sommer-Petting, aber hauptsächlich für den Sonntag in Endlosschleife. Hauptsächlich für die Kuhle.

»Komm doch wieder ins Bett«, sage ich jetzt, mit der blauäugigen Sicherheit, dass ich gleich doch wieder in ihr liegen werde, auch wenn die mulmige Vorahnung mittlerweile wie das dichte Geäst eines Baumes in meinem Körper bis in die Zehen reicht. »Ich putze mir schnell die Zähne, und dann können wir ja irgendwas bei Netflix streamen und Essen bestellen. Magst du Sushi?«

Benjamin zögert. »Ein paar meiner Freunde haben heute einen Flohmarktstand im Mauerpark, da wollte ich jetzt hin. Das wollte ich mir mal anschauen«, sagt er schließlich. Und mit »Aber bleib du doch ruhig liegen und bestell dir was Leckeres« findet der Raub endgültig statt. Das war's dann mit der Kuhle.

Ein paar Minuten später, wieder alleine in meiner Wohnung, stelle ich mich selbst unter die Dusche. Im Radio läuft die Schlussmachballade schlechthin – »Goodbye My Lover« von James Blunt. Passend, denke ich, und singe laut mit: Goodbye my Kuhle. Goodbye my friend. You have *not* been the one. You have *not* been the one for me. Und während ich Shampoo in meine Kopfhaut einmassiere, fällt es mir wie Schuppen jetzt auch von den Augen – die Zeichen, die Signale, die Red Flags –, jetzt sehe ich sie endlich klar. Benjamins viel zu lange Geschichten, die Erzählungen, die sich wie Planeten um die Sonne nur um ihn drehten, und das fehlende Interesse an mir und meinen Storys. Auf Repeat sehe ich, dass er mir keine Milch ans Bett gebracht hat, als er sich eine holte, dass seine Komplimente immer mit einem »Ich« anfingen und nicht wirklich was mit mir zu tun hatten, und dass er den Leuten vom Chor keine Fragen stellte, sich stattdessen aber in die Fahrradwegdiskussion einmischen musste, obwohl er selbst nicht mal ein Rad besitzt. Und ich denke an den armen DJ, den er mit seinem ICH ICH ICH wahrscheinlich so genervt hat, dass der gar nichts anderes machen, keinen anderen Ausweg sehen konnte, als ein Glas nach ihm zu werfen. Gerade würde ich auch eins schmeißen, und das würde sein Ziel mit Sicherheit nicht verfehlen. Doch – während ich aus der Wanne steige, fallen mir auch die Dinge auf, die ich mir bei unseren Treffen und danach selbst dazugedichtet habe. Dass ich die Story seiner Großeltern auf mich bezogen und Sofias Nicken so mit Bedeutung geschwängert habe, wo sie wahrscheinlich einfach nur freundlich sein wollte. »Gut«, denke ich beim Zähneputzen. Vielleicht war ich ein bisschen zu high. Ein bisschen zu weit oben. Die Stränge führen am Ende doch alle zusammen. Und auch wenn es Benjamin war, der die Bank maskiert überfallen hat, ich saß im Fluchtauto bereit, die rosarote Sonnenbrille fest auf der Nase, ready, mit ihm und der Kuhle in die Karibik abzuhauen.

»Oh, mein Baby, das kennen wir alle.« Toni streicht mir zärtlich über den Kopf, als ich am späteren Nachmittag mit ihr und Pia im Bett liege. *Oceans' 8* flimmert über das Macbook, eine XL-Pizza mit Käserand und Knoblauchdip sind auf dem Weg.

»Du könntest mit ihm zumindest noch schlafen. Das rein sexuell sehen«, kommentiert Pia von rechts. Ich pausiere den Film, schaue kopfschüttelnd zu ihr rüber, dann blicke ich zu Toni, die mitschüttelt, da rudert Pia zurück.

»Okay, okay. Ich wollte es ja nur sagen. Aber sorry – ich vergaß –, ihr beide steckt ja immer direkt im Treibsand der Liebe fest.« Sie zieht das Wort Liebe spöttisch lang.

»Ach, genau! Wie läuft es denn mit deinem neuen Typen?«, frage ich Toni. Bei ihr bahnt sich schließlich gerade wirklich eine Beziehung an.

»Ganz gut, aber das muss man auch mal abwarten …«, will sie ausholen, da baut sich Pia über uns auf dem Bett auf.

»Leute, können wir unsere Bewunderung vielleicht für einen Moment mal auf Rihanna richten?«, ruft sie laut.

»Und unsere Energie in unsere Karrieren stecken, statt sie an irgendwelche Jungs zu verschwenden?« Sie lässt sich fallen und drückt die Leertaste, damit der Film weitergeht.

Toni und ich schauen uns an. »Ja«, sagen wir andächtig unisono. *Der* Fall wäre damit auch abgeschlossen.

#4 Kann man mit dem Ex befreundet sein?

»Sorry noch mal wegen der ganzen Benjamin-Affäre.«

»Alles gut, mein Schatz. Vergeben und vergessen«, sagt Amelie vom Steuer ihres silbernen Prius, während ich skeptisch aus dem Fenster der Beifahrerseite ins Berliner Vorland schaue, das gerade in der Dunkelheit verschwindet.

Amelie und ich sind auf dem Weg zur Chorfreizeit, die über das Wochenende an einem kleinen See in Brandenburg in einer Jugendherberge stattfindet. Jugendherberge – allein, wenn ich das Wort nur in Gedanken ausspreche, fährt mir ein kalter Schauer über den Rücken, weil es Erinnerungsschnipsel aus dem fernsten Raum meines Gedächtnisses hervorzieht, die dort fest in recyclebaren Pappkartons verstaut waren, verschlossen mit extrastarkem Gaffatape. Erinnerungen, die nie wieder hervorgekramt werden sollten. Es sind Erinnerungen aus Schulzeiten an schlabbrige Kappa-Sweatshirts in XXL, an ungenießbare Alkoholmischen mit billigstem Wodka,

No-Name-Energydrinks und Orangensaft mit Fruchtfleisch, das in Zahnspangen hängen blieb, an eklige Angeberjungs, die knallen, nageln, bumsen, bohren oder pimpern sagten statt »Sex haben«, an die überwältigende Scham beim gemeinsamen Duschen nach dem Sport, an Stephan, den coolsten Jungen meiner Gymnasialklasse, in den ich heimlich verliebt war, weil er mir einmal nach zwei Stunden Latein bei Frau Friedrich ein Durstlöscher-Trinkpäckchen geschenkt hatte, und ich dachte, dass das seine Art sei, mir zu zeigen, dass er mich auch mehr leiden konnte, als sich Jungs untereinander leiden sollten, an Vulkanpickel, die sich über Wochen unter der Haut entwickelten, bevor sie gewaltsam an die Oberfläche drangen, Etagenbetten, die nach ungewaschener Pubertät rochen, an versalzene Nudeln mit Tomatensoße und Wahrheit oder Pflicht mit 100 % Lügen. Bis heute irritiert es mich, wenn Leute auf WG-Partys von ihrer Schulzeit schwärmen und sich in »die geilste Zeit ihres Lebens« zurückwünschen. War diese Zeit wirklich so geil?

»Ich glaube, wir sind gleich da.« Mit dem Schalten in den ersten Gang schiebt Amelie meine Erinnerungskisten abrupt zurück in den Keller. Verwundert schaue ich zu ihr rüber.

»Die Handy-Frau hat doch gar nichts gesagt.«

»Die Handy-Frau spricht auch nicht mehr mit uns, weil das Netz weg ist, was wiederum nur bedeuten kann, dass wir schon kurz vorm Ziel sind.«

»Auweia«, sage ich. Mein Magen beginnt zu rumoren.

»Damit ist schon der dritte Punkt der Horrorfilm-Checkliste abgehakt«, flüstere ich in einer verstellten Stimme.

»Beginnt jetzt wieder ein Tagtraum à la Julius?« Amelie schnauft tief durch ihre Nasenhöhlen.

»Viel schlimmer. Weißt du: Jeder Horrorfilm folgt einer Checkliste an Punkten, die erfüllt sein müssen, bevor das Gruseln, Verfolgen und Abschlachten beginnen kann, und wir haben bald alle zusammen. Punkt 1 ist Dunkelheit. Punkt 2: alleine auf einer abgelegenen Landstraße unterwegs sein. Punkt 3: kein Telefonempfang. Fehlen nur noch …«

»Hast du das auch gehört?«, unterbricht mich Amelie.

»Sorry, das war wahrscheinlich mein Magen.« Ich fasse an meinen Bauch.

»Nein, das meine ich nicht. Hast du nicht gerade dieses Knacken gehört?«

»Welches Knacken?«

»Ich glaube, wir haben was überfahren.« Amelies Stimme klingt plötzlich ganz aufgeregt.

»Was? Du meinst ein Stück Holz, einen Ast oder so was, ja?«

»Es war definitiv größer als ein Ast.«

Hysterisch blicke ich über den Rückspiegel in die Allee, die wir momentan hinter uns lassen und die durch die Schatten der umliegenden Kiefernbäume unheimlich gruselig aussieht.

»Bist du dir sicher? Ich kann da nichts erkennen.« Nervös drehe ich meinen Blick nun über meine rechte Schulter, wieder nur Schatten, dann schaue ich zu Amelie rüber. Amelies Brustkorb zuckt, leicht, dann stärker, bis sie auch hörbar kichert.

»Du Arschloch!«, schnipse ich gegen ihren Oberarm.

»Ach Jules, du fällst aber auch auf die schlechtesten Tricks rein«, kichert sie weiter.

»Natürlich! Minderheiten werden in Horrorfilmen immer als Allererste gekillt. Da muss man besonders vorsichtig sein.«

Amelie greift an meine Schulter. »Du machst dir echt zu viele Sorgen.«

»Das sagst du nur so lange, bis du mich auf der Flucht vorm Kettensägen-Mördermann zurücklässt und du die Tür der Herberge vor mir zuschließt, damit er dich nicht auch noch bekommt.«

»Dich würde ich doch nie zurücklassen, Julius.« Sie zieht eine versöhnliche Schnute. »Wenn ich dich zurücklasse, habe ich ja niemanden mehr an meiner Seite, der alle Regeln des Genres kennt und mir sagen kann, wie man dem Mördermann entkommt.«

»Das war wegen der Benjamin-Sache, oder?« Meine Stimme pendelt sich wieder ein.

Amelie dreht die Musik auf. »Jetzt sind wir auf jeden Fall quitt.«

Der Chor steht ordentlich in zwei Stuhlreihen, als wir durch die Tür des Jagdzimmers treten, das für die nächsten zwei Tage unser improvisierter Proberaum ist und wo Geweihe an der Wand und miefige Gerüche in der Luft hängen. Während wir uns durch die Reihen bahnen und von der Gegenseite mit dicken Umarmungen empfangen werden, flüstern Amelie und ich, wegen unseres Zuspätkommens fast ein bisschen demütig, bei jeder neuen Begrüßung »Danke, gut, und dir?«. Ebenso wie ich kann Amelie im Mittelpunkt einer großen Gesellschaft etwas verhalten sein. Sowieso schwanken unsere Persönlichkeiten in der Chorgemeinschaft je nach Tagesform und Alkohollevel zwischen denen von zwei Außenseitern, die immerzu fürchten, dass ihnen die Welt in jedem Moment den Boden unter den Füßen wegziehen könnte, und zwei gesprächigen Entertainern. Die Umgebung der Jugendherberge, spätpubertäre Berliner und der Geruch von Verwesung schicken dabei heute eher die Außenseiter auf die Bühne. Wahrscheinlich weil so ein Ausflug wie eine kleine Reise in die Vergangenheit ist, die alte Unsicherheiten an die Oberfläche holt. So wie ich mich bis heute in großen Sammelumkleidekabinen unwohl fühle und Angeberjungs meide. Nur zu den übergroßen Sweatshirts habe ich zurückgefunden. Trauma holt einen eben immer mal wieder ein, und manchmal fährt es auch einfach auf der Rückbank mit, ohne sich am Sprit zu beteiligen.

Nach zwei Stunden Probe zieht unsere Chorleiterin den Stecker des Keyboards und schaltet die große Musikbox an, über die direkt eine tanzbare 90er-Playlist schießt. Eigentlich ist das total mein Ding. Normalerweise würde ich schon beim ersten Song aufspringen, meine Arme im Takt kreisen lassen und laut mitsingen, auch wenn ich die Songtexte der Dauerbrenner nach jahrelangem Training immer noch nicht richtig draufhabe, doch – selbst mit Whitney Houstons Support fällt es mir gerade noch schwer, in den Entertainer zu schlüpfen.

Mit »Scheiß drauf! Du musst das jetzt auch nicht erzwingen«, gönne ich mir schließlich selbst eine Pause, und so lasse ich die Gruppe nach ein paar Pop-Klassikern hinter mir und stelle mich für eine beruhigende Zigarette ins Freie. Frische Luft soll ja bekanntlich Wunder wirken, selbst wenn sie durch eine Kippe gezogen wird. Drei Zigaretten inhaliere ich auf den Stufen zum Jagdzimmer wie ein Kettenraucher in nur einem Zug, bis ich mich langsam ready fühle. Mental streife ich also meine Performer-Lederjacke über. Ich drehe mich wieder zur Tür, ziehe mein Smartphone aus der Tasche und checke, ob es neue Likes auf Instagram gibt, die mir einen Ticken mehr Selbstsicherheit verpassen können. Doch als ich auf das Display schaue, rutscht die Jacke wieder von den Schultern und mein Herz in die Hose, weil mir die Vorschau einer Facebook-Nachricht vom Bildschirm entgegenblickt, mit einem Absender, den ich ähnlich wie die Flashbacks an Stephan und schlimme Momente beim Flaschendrehen eben wieder erfolgreich verdrängt hatte. Die Nachricht kommt vom Iren.

»Ich weiß nicht, ob das okay ist, aber ich wollte mich melden. Wollte wissen, wie es dir geht. Vielleicht wir wieder versuchen können, Freunde zu sein?«

Durch meine Arme und Beine fahren kribbelnde Blitze,

als ich zum Parkplatz der Herberge laufe. Jemand im Jagdzimmer meinte, dass Amelie dort sei, um einen Kasten Bier aus ihrem Auto zu holen.

»Was will sie denn gerade jetzt mit einem blöden Bierkasten, wo ich sie so dringend bräuchte? So viel zu *Dich würde ich doch nie zurücklassen*«, murmle ich vor mich hin, während ich über den Waldboden wandere und sich die Ostbauten um mich herum von beiden Seiten furchteinflößend aufbäumen und nun endgültig das Set eines Horrorfilms abbilden. Jetzt bitte kein Mördermann! Das wäre gerade wirklich zu viel des Guten.

Ein paar Minuten später erreiche ich den Parkplatz, und dort ist zwar kein Mördermann in Sicht, aber auch sonst keine Menschenseele. Keine Amelie, keine anderen Gäste, kein Bier, nur ich, ein paar Kleinwagen und diese beschissene Nachricht vom Iren sind da. Verzweifelt schaue ich wieder auf mein Display, wie es sekündlich zwischen null und einem Empfangsbalken wechselt. »Wie konnte seine Nachricht da überhaupt durchkommen?«, will ich in die Allee schreien, die zum Parkplatz führt. Wie ist es mir unmöglich, auch nur eine Person zu erreichen, aber seine Nachricht schaffte den Sprung ins Upside Down? Verdammt, warum wirft es mich immer noch völlig aus der Bahn, wenn ich seinen Namen lese? Und warum will er jetzt Freunde sein? Nein, das ist nicht okay. Auch nicht, wenn er die Frage so stellt, als wäre er Yoda.

Stoisch versuche ich weiterhin abwechselnd Amelie und Pia zu erreichen, weil mich beide gut runterbringen könnten, doch keiner der Versuche geht durch. »Okay, Julius«, flüstere ich nach 13 Versuchen. »Erst mal wieder gähnen. Einfach gähnen, das fährt den Körper runter, das kennst du schon.« Ich lehne mich an Amelies Prius. Und tatsächlich – nach mehrfachem Gähnen werde ich ruhiger und erinnere mich an etwas, was mein Freund Henry mal ungefähr vor einem Jahr gesagt hat, als es um den Kontaktabbruch nach seinen Beziehungen ging.

»Ich glaube, das geht schon, mit dem Befreundetsein nach einer Trennung«, sagte er damals bei einem gemeinsamen Bier, nachdem es mit seiner Freundin rum war. »Aber es geht nur, wenn genug Zeit vergangen ist, erstens, und zweitens, wenn dich der Gedanke an eine normale Beziehung mit dieser Person, an eine ohne die große Liebe, ohne eine zweite Chance, ohne ein mögliches Wiederaufleben, nur wenn der dich nicht mehr killt.«

Auf dem Weg zurück zum Jagdzimmer läuft der Song »Wer bringt mich jetzt zu den Anderen« von Die Höchste Eisenbahn durch meinen Kopf, und die Gespenster der Vergangenheit schwirren umher, so als hätte ich sie heraufbeschworen und sie eingeladen, zu bleiben. Und das, obwohl ich die Nachricht des Iren längst auf Ignorieren geschaltet habe. Na ja, dass sich Gespenster schwer ignorieren lassen, das müsste ich ja eigentlich spätestens seit *Casper* wissen. Gerade hilft wahrscheinlich nur ein Bier. Oder fünf.

Als das Jagdzimmer wieder in meinem Blick ist, erkenne

ich vor den Stufen eine Person im Dunkeln oder eher den Umriss einer Person, deren Schatten sich lang vor mich wirft. Groß ist die Person, und still steht sie da, ohne sich zu bewegen, ganz geräuschlos und gruselig. »Gut«, denke ich. »Das war's mit dir. Nach diesen ganzen Geistern wartet hier jetzt wirklich auch noch der Kettensägen-Mördermann auf sein letztes Opfer. Jetzt kommt das große Finale. Ciao, Welt, ich bin dann mal weg …« Da ruft eine Stimme nach mir, die vertraut klingt. Es ist nicht die von Amelie – es ist Markus, der an der Treppe wartet.

»Julius, zum Glück, ich habe dich schon gesucht.«

Markus merkt sofort, dass ich nicht ganz bei mir bin, und so setzen wir uns auf die Betonstufen und sprechen erst mal nicht. Wir sitzen nur da, er reicht mir sein Bier, ich nehme einen Schluck, und wir ziehen an unseren Zigaretten.

Nach einer Viertelstunde packt mich Markus schließlich an der Schulter, wie es Fußballer nach einer Niederlage auf der Ersatzbank machen. »Das alles hier kann einen echt überfordern. Das ist viel.«

Gewöhnlich würde ich jetzt an dieser Stelle von mir ablenken und ihn fragen, wie es ihm geht, was *ihn* denn beschäftige, damit ich mich nicht weiter mit den Geistern beschäftigen muss. Aber ohne Amelie oder Pia in Reichweite muss ich mich jemandem anvertrauen, und Markus hat auf mich gewartet, er ist da, und so mache ich meinem Kummer bei ihm Luft, auch wenn wir uns gar nicht so gut kennen. Ich erzähle Markus also die Geschichten, die ich in Gesprächen heute sonst eigentlich ins Witzige ziehe, um ihnen die Schwere zu nehmen. Das ist meine Bewältigungsstrategie. Ich erzähle von den Angeberjungs, aber jetzt nenne ich sie beim Namen und bezeichne sie als Arschlöcher, weil sie genau das waren. Keine Angeber, sondern Arschlöcher, die andere kleinhalten mussten, um selbst größer zu sein, und das auch mit mir machten. Darüber, wie sie eine Reihe an Songs erfanden, die meinen Namen mit so ziemlich jedem Schimpfwort in einem Atemzug brachten und die sie besonders gerne nach dem Sport in der Gruppenumkleide sangen, sodass ich mich irgendwann nur noch alleine in einer der Toilettenkabinen versteckte, um mich umzuziehen. Ich erzähle vom coolen Stephan, der mich mit dem Trinkpäckchen nach Frau Friedrichs Unterricht so verzaubert hatte, nur um mir ein Jahr später auf dem Pausenhof mit einem »Was willst du denn, du dumme Schwuchtel?!« das Herz in zwei Teile zu brechen. Was ich Markus verheimliche, ist, dass er mich ein bisschen an Stephan erinnert. Nicht an den Herzschmerz, aber ihr drahtiger Körperbau und ihre tiefen Stimmen, die beim Vorlesen jedes noch so langweilige Buch elektrisieren können, ähneln sich auf eine fast irre Weise. Am Ende rede ich über den Iren, darüber, wie sehr ich das Grinsen vermisse, das er hatte, wenn er dachte, dass er im Recht war und ich nicht, dass ich vermisse, wenn er mit der FAZ im Schoß auf meinem Balkon saß und mir den Feuilletonteil reichte, wie ich es hasste, dass ich nur in der Hälfte seiner Welt existiert habe, weil er in der Heimat nicht geoutet war und ich mich daher auch bei ihm wie in der sechsten Klasse nie komplett dazugehörig fühlte und wie sehr mich seine Yoda-Nachricht jetzt trifft.

»Dem Iren hattest du doch in der Beziehung auch gesagt, dass du ihn liebst, was du sonst vorher und danach nie gemacht hast, oder?«

Markus' Frage fällt, und direkt verdrücke ich ein paar kleine Tränen. Extraleise, aber wie leise kann man schon schluchzen?

»Hoffentlich kommt jetzt niemand zu uns raus«, denke ich, da setzt Markus zum Sprechen an, damit wir beide so tun können, als würde ich gerade nicht sehr laut schluchzen, und damit ich irgendwann aufhören kann, ohne dass wir darüber reden müssen.

»Ich habe vor vier Wochen auch eine Trennung durchgemacht«, sagt er und fährt fort, dass ihn das sehr belastet hat und dass es ihn immer noch belastet, und er zählt auf, was er alles vermisst, ihren trockenen Humor und ihre Spontanität, und ich finde mich in so vielen der Gefühle wieder, obwohl mein Beziehungsende mit dem Iren schon so viel länger zurückliegt als seins.

»Denkst du, du kannst mit ihr irgendwann befreundet sein?«, frage ich, als ich mich wieder gefasst habe.

»Nein. Ich glaube, wir sind nicht die Personen fürs Freundebleiben.« Jetzt ist Markus dem Schluchzen nahe.

»Weißt du …«, setze ich stockend an. »Einmal habe ich versucht, die Rückenhaare des Iren mit so einer toxischen Enthaarungscreme zu entfernen. Aber nach der Hälfte mussten wir die Aktion abbrechen, weil es beim

Auftragen der Creme so sehr nach Tod gestunken hat. Das hat ziemlich genauso gerochen wie das Jagdzimmer hier.« Wir lachen, Markus steht auf.

»Komm mal mit!«, tippt er auf meine Schulter, nimmt meine Hand und zieht mich um die Ecke des Gebäudes, da, wo die restlichen Bierkästen gestapelt sind.

»Willst du noch ein Bier?«, sage ich überrascht und schaue hoch.

»Nein«, sagt er und plötzlich – plötzlich küsst er mich. Nimmt meinen Kopf in beide Hände, zieht ihn weg, zieht ihn ran, küsst mich erneut, schaut mich an und küsst mich ein drittes Mal. Es geht alles ganz schnell, dann lässt er meinen Kopf los und greift in die Kiste Rothaus. »Jetzt noch ein Bier?«

»Was war das denn?«, flüstere ich, völlig ratlos, was gerade passiert ist.

»Keine Ahnung, sorry«, stammelt er. »Kosmische Wiedergutmachung vielleicht. Wegen der Männer, der Arschlöcher. Na ja, und ich hatte Lust drauf, dich zu küssen. Du bist einer von den Guten, Julius. Das ist ziemlich attraktiv.«

Wenn ich daran zurückdenke, weiß ich bis heute nicht, wie ich zu dem Kuss stehen soll. Brauchte ich das in dem Moment? Brauchten wir das beide? War das wirklich Wiedergutmachung? Ich bin mir nicht so sicher. Was ich weiß: Nach dem Gespräch mit Markus konnte ich die Geister über den Rest des Wochenendes ziemlich gut verdrängen. Ich habe wieder zu Whitney getanzt, und mir war es scheißegal, ob ich die richtigen Lyrics mitsang und dem Iren – dem habe ich die nächsten Tage nicht mehr nachgetrauert, weil ich noch hinter dem Jagdzimmer beschlossen habe, dass ich mit ihm nicht befreundet sein will. Über den Kuss mit Markus habe ich bis heute mit niemandem gequatscht, und Markus und ich haben auch nicht mehr drüber geredet. Nur manchmal, wenn sich unsere Blicke beim Einsingen im Kanon von Bruder Jakob treffen, macht sich ein dickes Grinsen in meinem Gesicht breit. Und Markus, der grinst dann auch.

#5 Wie überlebt man einen Datingmarathon?

Aufgeregt springt Henrys Stimme eine Oktave nach oben, als ich ihn am Mittwoch in meiner Mittagspause anrufe.

»Ich habe endlich ein neues Projekt gefunden, in das ich meine überschüssige Energie stecken, wo ich mich richtig verausgaben kann«, sagt er und klingt dabei so euphorisch, wie ich in den 90ern geklungen hätte, hätte ich damals eine Rolle in der *Mini Playback Show* ergattert. Henrys Ziel aber hat nichts mit Verkleiden zu tun, dafür alles aber mit Performance. Im September, sagt die Stimmbruchstimme, will er den Berliner Marathon laufen, und das Training dafür starte schon morgen. Der Plan, den Henry jetzt ausführt, klingt für mich verrückt. Anfangs müsse er dreimal die Woche jeweils zehn Kilometer laufen, später würde er auf mindestens viermal pro Woche erhöhen, und kurz vorher stünden auch mal 30 Kilometer am Stück an.

»Krass«, sage ich am anderen Ende des Telefonhörers,

während ich einen großen Happen meines Chicken-Teriyaki-Sandwiches runterschlucke, das mir jetzt im Kontrast zu Henrys sportlichem Tatendrang doch auch ein schlechtes Gewissen macht. Eigentlich sollten mich Henrys Ambitionen aber mittlerweile wirklich nicht mehr überraschen. Seit wir uns im Studium kennengelernt haben, hat er schließlich über unsere Freundschaft schon diverse sportliche Phasen durchgemacht. Von Yoga über Volleyball bis hin zu Boxen war alles dabei.

»Ach, weißt du, Julius. Der Job nervt mich einfach gerade schon wieder so sehr, und mit den Girls läuft's aktuell auch gar nicht. Ich glaube, da ist ein bisschen Laufen jetzt das Beste, was ich machen kann, um den Kopf frei zu bekommen.«

»Du meinst, ein bisschen *viel* Laufen«, korrigiere ich ihn.

»Ja, ein bisschen viel Laufen.« Obwohl ich Henrys Gesicht nicht sehen kann, strahlt das Funkeln in seinen Augen, das er durch das neue Ziel gewonnen hat, so hell durchs Smartphone wie das der Zauberkugel von Marijke Amado. Ob ich ihm erzählen soll, dass ich gerade auch eine Art Marathon plane?

»Lieber nicht«, entscheide ich im Auflegen. In meinem Trainingsplan bin ich schließlich schon viel weiter als er, und – ob er mein Vorhaben gerade so richtig ernst nehmen kann, weiß ich nicht, dabei waren auch meine Vorbereitungen ziemlich anstrengend. Nur sportlich, das waren sie eben nicht. In der letzten Woche habe ich meinen eigenen Marathon geplant und dafür so viel Zeit auf Dating-Apps verbracht wie noch nie. Dort habe ich neue Bilder hochgeladen, Profiltexte überarbeitet, Fragen dazu beantwortet, was mein Lieblingsfilm ist, ohne welche sechs Dinge ich nicht leben könnte und was das letzte Video ist, das ich mir auf YouTube angeschaut habe. Und habe eingeschätzt, wie wichtig es mir ist, dass mein potenzielles Match mit mir in der Meinung übereinstimmt, dass Tiere auch eine Seele besitzen. Okay, Letzteres war einfach. Es ist mir SEHR WICHTIG! Anschließend habe ich versucht, anhand von ein paar Fotos der Männer und ihren Antworten einzuordnen, wer zu mir passen könnte. Ich habe wie wild nach links und rechts gewischt, habe zum Einstieg ins Gespräch manchmal richtig gute Sätze gefunden, häufiger aber nur »Hi« geschrieben, und ich habe Matches so oft gefragt, wie es ihnen geht, dass ich irgendwann selbst nicht mehr wusste, wie es mir dabei ging. Was sind da schon 30 Kilometer? Puh! Jetzt aber sind die Vorbereitungen abgeschlossen, und sie waren erfolgreich, denn unter gefühlt hunderten Anwärtern habe ich drei Männer gefunden, bei denen ich das gute Gefühl habe, dass sie jetzt wie das Laufen für Henry das Beste für mich sein könnten. Diese drei Männer werde ich am Wochenende nacheinander treffen – im Datingmarathon.

Später am Feierabend lande ich mal wieder mit Toni und Pia in ihrer WG-Küche. Es hat sich über die letzten Monate zu einer kleinen Tradition entwickelt, dass wir hier zu unserem eigenen Bergfest zusammenkommen, um das Überstehen der ersten Wochenhälfte mit ein paar Weißweinschorlen zu begießen. Der perfekte Moment, mit meinen Ambitionen an die Presse zu treten, also den beiden von meinem Plan zu erzählen. Vor einem Monat hat Toni schließlich selbst die 42 Kilometer an ersten Dates erfolgreich hinter sich gebracht und dabei einen Mann gefunden, von dem sie im Moment schwärmt, da hat sie bestimmt ein paar Tipps auf Lager.

»Wie hast du das denn gemacht mit dem Marathon und vor allem: Wie hast du das überlebt?«, frage ich sie daher bei der zweiten Schorle.

»Ich hatte eigentlich nur eine Regel«, sagt Toni, während sie ihren Brustkorb siegesbewusst aufrichtet. »Ich habe mich nur mit Männern getroffen, die von der Location was Spannenderes vorgeschlagen haben als ein gewöhnliches Bartreffen. Da hatte ich keine Lust mehr drauf, und was Typen als Treffpunkt aussuchen, sagt eh so viel mehr über sie aus, als welchen Drink sie bestellen.«

»Und was, wenn sie eine Bar vorgeschlagen haben, auf den Bildern aber unglaublich heiß waren?«, hakt Pia von der Seite ein.

»Na dann mussten sie sich eben was anderes ausdenken, wenn sie mich treffen wollten. Irgendwo muss man die Grenze ja ziehen.«

»Das finde ich gut«, nicke ich und zünde mir eine Zigarette an. »Sonst noch irgendwelche Tipps, wie man die Spreu vom Weizen trennt?«

»Spreu vom Weizen trennen? Juli, manchmal bist du echt ein 87-jähriger Opi.« Pia wirft ihre blonden Haare über mein iPhone. »Aber ja, ich habe noch was«, fährt sie fort. »Wenn ich einen Typen wirklich interessant finde, also nicht nur für eine Nacht interessant, sondern für mehrere oder gar länger, stelle ich ihm nach ein paar Drinks eine Reihe an ganz einfachen Fragen. So was wie: Was magst du an dir? Was war dein Lieblingsfach in der Grundschule? Oder: Wenn du dir aussuchen könntest, wo du wohnst, wie würde das aussehen? Nimm mich mit in dein Traumhaus.«

Toni schaut mich für einen Moment verdutzt an.

»Jaaa, ich weiß, das klingt wie ein Scherz, von mir kommend, aber ich fand die Antworten echt hilfreich, um einzuschätzen, ob der Mann cool ist oder nicht«, unterbricht Pia die Stille und kommentiert ihren Vorschlag.

»Okay, finde ich auch gut«, sage ich und füge die Fragen meinen Notizen hinzu.

»Und fühlst du dich ready, Jules?«, will Pia wissen, als sie mich zur Verabschiedung fest im Arm hält.

»Wenn die letzten missglückten Dates für irgendwas gut waren, dann doch dafür, dass ich jetzt körperlich und mental für drei Dates an drei Tagen vorbereitet bin. Außerdem: Ich habe Freunde, die mich anfeuern, bin ordentlich hydriert, und gut genährt bin ich sowieso. Was soll schon schiefgehen?«

»Okay«, sagt sie und legt ihren Kopf auf meine Schulter. »Aber vergiss nicht: Es soll auch Spaß machen!«

»Ja, Schwesterherz!«

Kilometer 1

Der Startschuss zum Marathon fällt am Freitagabend in einer kleinen Galerie in Berlin Mitte. Kandidat Eins heißt Nils, ist von Beruf Fotograf und nimmt mich auf eine Vernissage mit.

»Die ausstellende Künstlerin ist eine Freundin«, flüstert er mir im Reingehen zu, aber das hätte er gar nicht müssen, denn er begrüßt sie mit einer dicken Umarmung und Küssen, die an ihren Wangen vorbeifliegen, bevor er mich vorstellt. Er stellt mich nicht als Tinder-Date vor, sondern mit einer kleinen Vita über mich, charmant in ein Kompliment verpackt, was ich richtig schön finde. Im Gesamten überrascht mich die Situation positiv, denn obwohl hier von außen alles so aussieht wie immer auf hippen Galerieeröffnungen in Mitte – große, reinweiße Wände, weit auseinander gehängte Kunstwerke, die anscheinend sehr viel Raum zum Wirken brauchen, ein DJ mit Szene-Promi-Status, Gesichter, die man irgendwann schon mal bei Instagram gesehen hat und Algensalat im Glas –, sind die Menschen mehr herzlich als distanziert. Vielleicht kommt mir das aber auch nur so vor, weil Nils alle hier zu kennen scheint und mich jedes Mal aufs Neue wieder so familiär vorstellt, als stünde es gar nicht zur Debatte, ob ich dazugehöre oder nicht. Ich gehöre heute Abend zu ihm. Das macht Spaß, und Nils ist aufmerksam, sorgt immer im richtigen Moment für neue Getränke, was ein großes Plus für mich ist, und wir können richtig gut über unser kreatives Arbeiten reden, ohne dass wir in Floskeln verfallen, die man sonst so sagt, wenn man sich kaum kennt. Wir versuchen beide nicht vorzugeben, jemand zu sein, der wir nicht sind, und so quatschen wir zwischendrin auch über die Kardashian-Familie und darüber, warum Khloé unsere Favoritin ist.

Kilometer 8

Nach der Vernissage ziehen wir mit einer Handvoll Künstlerleuten weiter in die Neue Odessa Bar, die ich eigentlich ebenso wie eine Ausstellung ungern aufsuche, weil mich die Menschen dort ein bisschen einschüchtern und mich die Türsteherin jedes Mal so anschaut, als sollte ich die Hausnummer noch mal checken, ob ich auch wirklich richtig bin. Doch selbst in dieser Bar geht es mir heute gut. Der Mann an meiner Seite tritt so selbstsicher auf, dass ich gar nicht anders kann, als mich auch so zu fühlen.

Als ich merke, dass sich unser gemeinsamer Abend dem Ende neigt, stelle ich Nils sehr beschwipst eine von Pias Fragen: »Was magst du an dir?«

»Mittlerweile mag ich, glaube ich, meine Nase am liebsten«, sagt er und fährt sich durch seine blonden Haare. »Früher wurde ich für die gehänselt, weil die doch sehr groß ist und so schief im Wind steht wie der Turm von Pisa, aber heute finde ich sie echt gut. Die gibt meinem weichen Gesicht ein bisschen Charakter.«

»Aber dass deine Nase groß ist, musstest du jetzt schon betonen, oder?«, kichere ich wie jemand, der zum ersten Mal in seinem Leben eine sexuelle Anspielung macht.

»Ja, das musste jetzt schon sein«, sagt er und küsst mich. Der Kuss ist einfühlsam und warm. Es ist, als würden meine Lippen in ein weiches Bett fallen, das ergonomisch auf sie angepasst ist. Ganz perfekt.

»Was ich dir aber auch noch sagen muss«, fährt er fort, als er auf seinem Stuhl wieder etwas zurückrutscht. »Ich bin in einer offenen Beziehung.«

Kilometer 14

Zehn Stunden, nachdem ich mich von Nils verabschiedet habe, treffe ich Michi mit müden Augen am Löwentor-Eingang des Zoologischen Gartens zu einem gemeinsamen Mittag. Michi ist Kandidat Zwei meines Marathons, er ist gebürtiger Österreicher, kommt aus Graz und arbeitet hier seit einem halben Jahr als Programmierer in einem kleinen Start-up. Unser Einstieg ist holprig, was aber auch daran liegen könnte, dass der Restkater meine Gefühlslage gerade noch ziemlich nach unten zieht. Nach einer Stunde lockert sich die Stimmung auf, als wir im Streichelzoo mit Futter aus dem Automaten von Zwergziegen umringt werden und eine der Ziegen immer wieder an mir hochspringt, um sich gegen die anderen durchzusetzen. Was ich am Anfang lustig und süß finde, hinterlässt am Ende fiese braune Spuren auf meiner Jeanshose.

»Scheiße!«, sagt Michi, und jetzt lachen wir endlich herzlich miteinander. Bei den Giraffen und Zebras ist unser Gespräch dann in vollem Gang, weil ich es, durch den Zwergziegenvorfall schlagartig nüchtern, in die Hand nehme. So reden wir über das Tagesgeschehen der Politik, sein Lieblingsfach in der Grundschule – Werken – und diskutieren, ob Jan Böhmermann jetzt eigentlich lustig oder selbstgefällig ist. Dabei ist Michi in seiner Wortwahl bedacht, manchmal ein bisschen sehr schüchtern, aber immer enorm freundlich. Trotzdem werden wir nicht so richtig warm miteinander. Ich weiß nicht, ob es an den Temperaturen liegt, die für Maiverhältnisse heute hart unterkühlt sind, oder ob das seine

Art ist, aber körperlich kommen wir uns wohl nicht mehr näher, das spüre ich.

Kilometer 22

»Ich finde das übrigens richtig gut, dass du den Zoo ausgesucht hast für unser Date«, sage ich, als wir in den kleinen Tümpel blicken, in dem eine einsame Seekuh ihre Runden dreht. »Wenn ich das so betrachte, habe ich zwar echt ein gespaltenes Verhältnis zu solchen Parks, aber als Kind habe ich statt Autos immer mit kleinen Tierfiguren gespielt, oft eine Arche Noah mit zwei jeder Art gefüllt, und ich wollte unbedingt Zoodirektor werden, das kann ich nicht so ganz abschütteln.«

»Die Seekuh ist schon ziemlich traurig«, sagt Michi in seinem schönen österreichischen Dialekt, so dass es schon fast nett klingt, wie er das Desaster feststellt.

»Bist du happy in Berlin?«, frage ich schließlich.

»Ich weiß noch nicht. Gerade fühle ich mich noch wie ein Fremdkörper, wenn ich durch die Straßen laufe, und der Job macht gerade noch nicht so viel Freude. Hoffentlich ändert sich das bald.«

Kilometer 28

Einen Tag später ist das Wetterbarometer ein gutes Stück nach oben gesprungen. Zum Glück, denn Kandidat Drei und ich treffen uns im Prater Biergarten, um in den gemeinsamen Nachmittag zu starten. Björn, so ist sein Name, wohnt eigentlich im angesagten Teil von Neukölln, an der Boddinstraße, aber für mich hat er sich den aufgeräumten Prenzlauer Berg als Startpunkt ausgesucht. Björn und ich verstehen uns auf Anhieb, beziehungsweise bin ich mir gar nicht so sicher, ob wir uns schon verstehen. Ich weiß nur, dass ich mich mit ihm verstehen will, und zwar unbedingt. Auch wenn Björn optisch so gar nicht mein Typ ist – er ist kleiner als ich, sein Kleidungsstil ist sehr Secondhand-Neukölln, und eine Baseballkappe hängt ihm tief im Gesicht –, finde ich ihn furchtbar anziehend. Wenn er über seinen Job als Werber redet, ist er Feuer und Flamme, und obendrauf hat er diese fiese sexy Bad-Boy-Attitüde. Dass mich die mittlerweile echt nicht mehr anziehen sollte, weiß ich zwar, aber verdammt tut sie es gerade. Wie ein extra starker Magnet, den die NASA in einem Geheimlabor entwickelt hat für die nächste Raumfahrtmission. Auf eine Art, dass sich mein Verstand auf Stand-by schaltet. So himmle ich Björn die ersten dreißig Minuten im Biergarten an, bis er unruhig wird.

»Lass mal weiterziehen und das Bier als Fußpils mitnehmen«, sagt er von seinem Podest herunter, als unsere Krüge auf Halbmast stehen, und obwohl mein Gedanken-Ich direkt »Dafür bist du doch viel zu korrekt, Julius« einwirft, stehe ich zeitgleich mit Björn auf, meine Hand fasst automatisch in den Henkel, und wie selbstverständlich laufen wir wenig später mit unseren Bieren vorbei an Vintageläden und durch Kinderwagenkolonnen.

Kilometer 36

Mit Bierkrug und Björn durch den Prenzlauer Berg zu laufen ist ein bisschen so, als wären wir in einem dieser

König-Pilsner-Werbespots, in denen sich Männer überfröhlich zuprosten, weil das Leben mit einem kühlen Blonden in der Hand alles ist, was es sein soll. Wir lachen viel, na ja, oder ich lache viel und himmle, und er grinst. So müssen sich die Schreiber der NEON gefühlt haben, denke ich, wenn sie in ihren Geschichten mit Dates nachts in Schwimmbäder einstiegen, um sich dort langsam voreinander auszuziehen, nackt in den Pool zu springen und unter Wasser zu knutschen (als wäre es einfach, unter Wasser zu knutschen), die Kleinwagen klauten wie andere Ohrringe bei Bijou Brigitte und die generell einfach so risikobereit waren, für jede Gefahr gewappnet und befreit. Was ist schon Materielles und sowieso? Es sind Momente, die zählen. Bisher war ich immer skeptisch, ob diese Geschichten wahr sein könnten. Wer hat schon das Selbstbewusstsein, sich vor einer fremden Person langsam nackt auszuziehen, während die nur guckt, funktioniert das mit der Zündung bei neuen Automodellen überhaupt noch, dass man da nur zwei Kabel aneinanderreibt und schon kann man starten, und warum wird in den Geschichten eigentlich nie jemand von der Polizei gefasst?

Als wir ein bisschen später über den Flohmarkt am Arkonaplatz tigern, probiert Björn eine Lederjacke an.

»Steht die mir?«, fragt er, während er die Jacke lässig über seine Schultern schmeißt.

»Ja sehr«, nicke ich. »Die passt dir wie angegossen.«

»Hast du den Verkäufer im Blick?« Jetzt lehnt sich Björn ganz nah an mich und flüstert.

»Der berät da vorne gerade jemanden.«

»Gut, dann rennen wir!«, sagt er, und bevor ich realisiere, dass ich gerade wirklich eine dieser NEON-Storys erlebe, zieht mich Björn um die Ecke des Standes, schaut sich um, und weil die Luft rein ist, rennen wir los. Als sich unsere Augen im Sprint treffen, ist es dann genau so, wie es in den Magazinen stand, denn für eine Sekunde bin ich frei und unbändig und gefährlich, und meine Beine rennen so schnell wie noch nie. Eine Straße weiter bleiben wir in einem Hinterhof stehen, und unter Herzrasen drücke ich Björn noch im selben Augenblick einen Kuss auf seine Lippen.

»Das war irre«, sage ich und schnappe nach Luft.

Björn geht einen Schritt zurück und schaut mich an. »Hast du jetzt das bekommen, was du wolltest?«

Kilometer 42

Am Abend liege ich wieder auf meiner Couch und spüre meine Beine kaum noch. Mein Körper fühlt sich wirklich so an, als hätte er 42 Kilometer zurückgelegt, er ächzt und stöhnt und will sich nicht mehr bewegen. Nur mein Kopf ist weiter aktiv und springt von Date zu Date und grübelt. Zur Unterstützung rufe ich Toni an. »Sie muss mir erst mal helfen, das ordentlich aufzuräumen«, denke ich, und so erläutere ich ihr jedes Date Minute für Minute in aller Ausführlichkeit.

»So, lieber Julius, jetzt musst du dich entscheiden. Wer soll dein Herzblatt sein?«, sagt sie nach einer Stunde hörbar amüsiert und klingt dabei fast wie die andere bekannte TV-Stimme der 90er neben Marijke Amado:

Susi Müller. »Ist es Kandidat Eins, der fesche Fotograf, der dich in seine offene Beziehung einlädt, damit du seine große Nase bewundern kannst, oder Kandidat Zwei, die Seekuh aus der Steiermark, die mit österreichischem Akzent und Jobproblemen an dir herumschraubt. Oder – ist es Kandidat Drei, der wilde Bad-Boy-Werber, der eine Lederjacke wie deinen Verstand raubt und Regeln und irgendwann dein Herz brechen könnte. Die Entscheidung liegt in deiner Hand.«

»Okay, das war beachtlich«, applaudiere ich über ihre Zusammenfassung.

»Danke, danke, es ist eine Gabe«, sagt sie und fährt fort: »Aber weißt du, was auch eine Gabe ist? Ich weiß schon, für was du dich entscheidest.«

»Für was?«, frage ich verwundert.

»Darauf kommst du schon selbst. Wir reden morgen wieder, okay?«

Als ich mich um elf in meinem Bett mit meinen Kuscheltierschweinen Yves und Laurent von einer Seite zur anderen winde, glaube ich zu wissen, was Toni meinte. Obwohl die letzten Tage unheimlich aufregend waren und ich wirklich Spaß hatte, bei jedem der drei Kandidaten fehlt mir etwas, das ihn über die Ziellinie bringt. Egal was für ein cooler Typ Nils war, das mit der offenen Beziehung kann ich nicht, oder zumindest bin ich nicht der Mann, der nur ein paar Mal als Gastspieler in einer bestehenden Beziehung auftritt und nie zum regulären Programm dazugehören kann, wo ist da die Romantik? Die Entscheidung mit Michi ist easy, weil der Funke einfach nicht übergesprungen ist. Und Björn, ach, Björn wäre spannend, aber sollte ich mich wirklich für jemanden entscheiden, der Biergläser und Lederjacken stiehlt und bei dem ich mir von Beginn an schon sicher sein kann, dass die Sache in einer krassen Verletzung endet? »Ne, das mache ich nicht«, denke ich vorm Einschlafen. Auch wenn ich durch meine vorigen Dates als Training körperlich auf den Marathon vorbereitet war, mein Brusthaar vorher gestutzt und die Frisur aerodynamisch gelegt habe, wenn ich einen Datingmarathon bis zum letzten Kilometer laufen kann, schwimme ich im Ziel eher ein bisschen, und da habe ich ja meine Antwort. Nicht nur hatte mein Herz wenig Zeit, dem Ganzen nachzukommen, der Richtige war auch einfach nicht dabei. Ich suche eben den Einen, wenn es bei Tinder und Co. so viele gibt, und ein erstes Date ist eben wie eine Kofferauktion am Flughafen. Bei der weiß man auch nicht, was man für seinen Einsatz bekommt. Manchmal sind es die Geschichten einer fremden Person, die man weitertragen kann und die zur eigenen Geschichte werden, und manchmal ist es einfach nur Gepäck. Nach meinem Romeo werde ich weitersuchen. Aber den Marathon überlasse ich ab jetzt wieder Henry.

Am Montag darauf schreibe ich mit allen drei Männern, und für eine Sekunde fällt es mir bei Björn doch schwer, abzusagen, weil mich der Magnet zu ihm zieht, bis ich auf Senden drücke und ein paar Stunden später seine Antwort lese: »Du bist eh nicht mein Typ, ich stehe nicht so auf Stämmige.«

»Gute Entscheidung«, denke ich. Am Ende hat Björn schließlich eine Regel gebrochen, die man bei mir wirklich nicht brechen darf: freundlich zu sein.

#6 Bin ich zu wählerisch?

»Wie kommt es eigentlich, dass wir unser Sommerfest schon Ende Mai feiern?«, frage ich meine Kollegin Ellie im Außenbereich des Ritter Butzke, einem Berliner Club am Moritzplatz, und halte mich an meiner Weißweinschorle fest.

»Na, später sind alle Locations ausgebucht, da ziehen wir das einfach vor. Wer sagt uns schon, wann wirklich Sommer ist«, antwortet sie süffisant.

»Der Kalender?«, murmle ich ins Glas und nehme einen großen Schluck, weil ich das Gefühl bekomme, dass das *so ein Abend* wird, so einer mit unangenehmen Small Talks und Berliner Start-up-Sprech, durch den man nur mit ausreichend Alkohol kommt.

»Sag mal, Julius, du bist doch gerade wieder auf deiner großen Liebessuche, oder nicht?«, fragt Ellie und wechselt auf die harte Tour das Thema.

»Ja«, nicke ich und blicke in meine Weinschorle, weil ich hoffe, dass ich in ihr verschwinde, solange ich nur tief genug reinschaue. Als müsste ich jetzt nur noch »In vino veritas« als Zauberspruch aufsagen, und schon würde ich unsichtbar werden wie Harry Potter unter seinem Tarnumhang.

»Und wie läuft es damit?«, bohrt sie weiter. Das kenne ich schon von ihr. Ellie nimmt das Privatleben ihrer Kolleginnen furchtbar gerne so fein auseinander wie andere ein halbes Hähnchen, bis am Ende nur noch ein paar Knochen übrig sind, die sie dann wie eine Schamanin in einer Art Orakelzeremonie legt, um den Betroffenen die Zukunft vorherzusagen und zu urteilen.

»Es läuft okay«, antworte ich daher extraleise, während meine Augen nach anderen Kolleginnen suchen, zu denen ich flüchten könnte.

»Ach man, kein Glück bisher?« Mitleidig schaut Ellie jetzt in meinen suchenden Blick, während sie sich an die Schulter ihres Partners Theodor lehnt, der zwar schon die ganze Zeit neben uns steht, bisher aber noch keinen eigenen Satz rausgebracht hat. Als wäre er dafür als Statist gebucht worden, nickt er stattdessen bei jedem von Ellies Sätzen. »Du bist doch so ein toller, so ein schnuckliger schwuler Mann. Ich sag dir, wäre ich ein Mann und nicht mit Theo zusammen, würde ich dich ratzfatz vom Markt schnappen«, vervollständigt Ellie jetzt, und namenloser Partygast Nummer Vier nickt wieder. Mit Theodor hat Ellie ihr vermeintliches Liebesglück schon vor zehn Jahren gefunden, als sie noch im Gymnasium war, was sie in ihren Augen zu einer Expertin in Sachen Liebe und Beziehungen macht. Im Feuereifer sagt sie daher oft so was wie »Der richtige Topf zu deinem Deckel kommt, wenn du es am wenigsten erwartest« oder »Weißt du, das bringt so ein Licht in dein Leben, wenn du die richtige Person gefunden hast. Das ist einfach das pure Glück. Im Singleleben tapst man ja doch nur im Dunkeln.« Auch wenn diese Sätze wie gut gemeinte Teebeutelsprüche eigentlich problemlos zum einen Ohr rein und zum anderen wieder raus wandern, ist es Ellies bedeutungsschwere Darbietung, die sie unerträglich machen.

»JA, WIR VERSTEHEN, DASS DU SUPER HYPER GLÜCKLICH BIST, ELLIE«, will man dann schreien. »Aber das heißt nicht, dass du die Einzige bist, die weiß, wie der Hase läuft. Und wer sagt überhaupt, dass ich nicht auch als Single happy sein kann? Halt dich da verdammt noch mal raus!«

Zurück am Stehtisch unterdrücke ich meine Schreiattacke natürlich, und um Ellie zufriedenzustellen, fasse ich ihr stattdessen meine vergangenen Monate oberflächlich zusammen. Am Ende wirkt sie trotzdem enttäuscht.

»Ach Julius, weißt du, was dein Problem ist?«, sagt sie schließlich orakelnd.

»Ich habe kein Problem«, will ich wieder schreien. Zur Wutbewältigung strecke ich meine Füße aber gedanklich mit George Clooney in den heißen Sand der Amalfiküste.

»Du bist einfach zu wählerisch!«

Obwohl mir Ellies Feststellung so gar nicht passt, braucht es drei Shots Berliner Luft, um sie über den Abend aus meinem System zu bekommen. Meine bisherigen Dating-

Misserfolge und die kurzlebigen Ex-Beziehungen stemmen schließlich nicht das beste Gegenargument, und so lange, wie sie mit Theodor zusammen ist, war ich wirklich noch mit keinem Mann zusammen. Aber – will ich mit einem Statisten zusammen sein, der immer nur bei allem nickt, was ich sage?

»Na ja«, denke ich beim vierten Kurzen. Ich suche ja schon jemanden, der mit mir irgendwann ein eingespieltes Team ist. Mit dem ich vor anderen eine feste Einheit bilde mit kugelsicherer Weste, jemanden, der mich erst später zur Seite nimmt, wenn wir wieder zu zweit sind, und mir dann erklärt, was ich Blödes gesagt habe und mir vor einem Bewerbungsgespräch trotzdem »Julius, du kannst das alles eh!« predigt. Mist! Mist! Mist! Mist! Entweder haben die Weißweinschorlen, Gin Tonics und Shots meine Schaltzentrale übernommen, oder ich will doch auch einen Theodor.

Als ich nachts zum Taxistand wanke, rufe ich meine Schulfreundin Alisha aus der Heimat an. Sie muss mir jetzt bestätigen, dass das alles Schwachsinn ist und Ellie auf gar keinen Fall Recht hat.

Zu meiner Erleichterung ruft Alisha direkt sehr energisch ins Telefon: »Du bist nicht zu wählerisch!« Dann fährt sie fort: »Wenn du schon vor oder beim ersten Date merkst, dass es nicht passt, wäre es ja Quatsch, wenn du das weiterlaufen lässt. Wir sind ja nicht bei *Make a Wish*. Das hat auch mit Selbstwert zu tun.«

»Aber grenze ich dann nicht vielleicht wirklich schon zu sehr ein? Vielleicht würde mich ja mal einer überraschen, wenn ich ihn nicht schon von Anfang an ausschließe, weil er mir im Schreiben zu langweilig ist oder ich seinen Musikgeschmack desaströs finde? So ein Theodor ist am Anfang bestimmt sehr langweilig, aber wer weiß, ob er im Bett nicht doch ein Tiger ist und mir dann bis zum Ende die Stange hält!«

»Was ist denn ein Theodor?«, fragt Alisha irritiert.

»Nicht wichtig, aber du weißt doch, was ich meine, oder?«

»Klar, aber ich glaube, es gibt so viele andere Faktoren, die einspielen, ob es mit einem Mann klappt. Da ist die Auswahl, wen du triffst und wen nicht, nicht das Ausschlaggebende.«

»Da hat sie schon Recht«, denke ich und erinnere mich an ein Telefonat, das Alisha und ich vor drei Jahren geführt haben. Damals konnte sie Männer ganz schlecht an sich ranlassen, auch wenn die auf dem Papier ideal waren. Sobald die etwas mehr wollten, zu viel schrieben oder einfach zu sehr Disney-Prinz-traumhaft wurden, schreckte sie zurück. Sie war nicht ready, obwohl sie wollte.

»Da spielt so viel mehr mit. Es muss für beide der richtige Zeitpunkt, das richtige Timing sein, die Chemie muss stimmen, nicht nur zu Beginn, sondern auch später noch, und du musst einfach selbst bereit sein. Manchmal, da liegt es viel mehr an uns selbst als an den potenziellen Partnern«, sagt sie jetzt, und ich bekomme das Gefühl, wir haben gerade dieselbe Zeitreise hinter uns.

»Aber das bewundere ich ja so an dir«, schiebt sie nach, kurz bevor wir auflegen. »Du bist so offen für die große Liebe, und du machst dich verletzbar. Das können nur die wenigsten. Trotzdem musst du niemandem eine Chance geben, der die nicht mit einem starken Griff beim Schopf packt.«

Am nächsten Tag wache ich mit stechenden Kopfschmerzen und Erinnerungslücken an meine Taxifahrt auf. Dabei macht der Teller mit Kebabresten, den ich gerade auf meinem Nachttisch entdeckt habe, den Vorschlag, dass ich noch einen Zwischenstopp beim Dönerladen am Rosenthaler Platz gemacht habe. »Das muss eine tolle Konversation gewesen sein zwischen dir und dem Verkäufer«, halte ich mir selbst einen Vortrag. »So gar nicht peinlich. Jetzt echt mal, Julius, warum musst du dich bei Veranstaltungen von der Arbeit eigentlich immer so abschießen?«

»Na ja, was soll ich jetzt noch dagegen machen?«, schließe ich die Verhandlungen. The damage is done. Also wanke ich in die Küche, nehme ein großes Sprudelwasser aus dem Kühlschrank und Ibuprofen aus meiner Arzneischublade, wanke wieder zurück ins Bett und klappe meinen Laptop auf. Neben der Kopfschmerztablette sind alte Folgen von *30 Rock* eben die beste Medizin. Die 138 Episoden der Serie habe ich schließlich bestimmt schon dreimal durchgeschaut, da kann mein Kopf langsam hochfahren.

Als Liz Lemon ein paar Folgen später bestimmt fünfmal kurz davor war, ihren Job bei TGS hinzuschmeißen und ihr Glück statt im Beruf doch wieder in Unmengen an Fast Food gefunden hat, fühle ich mich langsam nicht mehr ganz wie ein Monster, das sein Unwesen in den Untiefen eines Moores treibt, sondern fast wieder wie ein Mensch mit Augen und Ohren und ein paar anderen Körperteilen. Parallel dazu kraxelt aber auch Ellies Kommentar zurück an die Oberfläche, und so ziehe ich mein iPhone vom Ladekabel und öffne Tinder. In unserem letzten Telefonat hatte mir Pia davon erzählt, dass sie auf der App jetzt genau so auswählen würde, wie das Männer laut eines Onlineartikels machen – gar nicht. Sie wische also erst mal alle Kandidaten nach rechts und schicke alle gemeinsam über Los. Ob die Matches dann obendrauf die 200 Mark einsammeln dürften, entscheide sie später. Für mein Katergehirn klingt das gerade nach einem perfekten Plan, und so wische auch ich nach rechts und nach rechts und nach rechts. So lange, bis ich merke, dass ich mich eigentlich schon längst wieder fertig machen müsste. In einer Stunde bin ich schließlich mit Esra verabredet, den ich schon eine Weile nicht mehr gesehen habe. Auch wenn es mir gerade schwerfällt, mich von meinem Bett zu trennen, kann ich das echt nicht absagen.

»Also für ein Moormonster siehst du ziemlich gut aus«, begrüßt mich Esra an einem kleinen Tisch im Roten Raben mit einer festen Umarmung.

»Danke! Es hat zwar ziemlich lange gedauert, aber irgendwann konnte ich es dann doch komplett rauswaschen.«

Esra habe ich vor fünf Jahren kennengelernt, als wir beide noch Frischlinge in der Großstadt waren. Wir hatten uns am selben Samstag in eine Schwulenbar in Friedrichshain geschleppt, um dort Ausschau nach dem Mann unserer Träume zu halten. Was dann aber letztendlich an diesem Abend so aussah, dass wir dort einfach nur unheimlich eingeschüchtert saßen. Jeder jeweils an einem Ende des Tresens. Die Kleinstadt hatte keinen von uns ausreichend auf das Dating in Berlin vorbereitet, und so betranken wir uns langsam, erst alleine, bis wir beim Tequila zusammenfanden und Kriegsgeschichten austauschten. Auch wenn ich mich über die letzten Jahre immer mal kurz gefragt habe, ob wir nicht eigentlich ideal füreinander wären und deswegen natürlich zusammen sein sollten, habe ich irgendwann eingesehen, dass es als Freunde wirklich besser passt. Ein faltbares Stück Papier macht eben auch noch lange kein Origami.

»Also bei einer Sache hatte diese Ellie ja schon Recht«, unterbricht mich Esra, als ich ihm vom gestrigen Abend erzähle. »Der richtige Topf zum Deckel kommt manchmal wirklich dann, wenn man es am wenigsten erwartet. Ich glaube, dieses harte Suchen nach dem Einen ist einfach schwierig. Da kann man sich schon schnell verrennen.«

»Meinst du das ernst?«, schaue ich ihn noch in derselben Sekunde verwundert an. »Hast du nicht vor allem als schwuler Mann das Gefühl, dass an der Liebesfront gar nichts passiert, wenn du nicht aktiv danach suchst? In meinem Alltag läuft mir zumindest kein Mann über den Weg, der mir aus Versehen Orangensaft übers Hemd kippt, und das ist dann der Start in unsere große Liebesgeschichte. Wenn mir hier um die Ecke ein Typ einen

Orangensaft übers Shirt kippen würde, wäre der weder schwul noch Single, oder auf eine feste Beziehung aus, oder freundlich. Der würde mich wahrscheinlich eher noch anmeckern, warum ich nicht besser schaue, wo ich hinlaufe.«

»Julius, ich habe dir doch gesagt, dass du nicht so oft *Notting Hill* schauen sollst. Muss ich dich wieder in Reha schicken?«, lacht Esra über den Tisch, während ich frustriert eine Zigarette anzünde. »Aber ich verstehe natürlich, was du meinst«, sagt er weiter. »Und ich glaube ja auch nicht, dass dein Problem ist, dass du zu wählerisch bist. Ich sage nur, dass dieses aggressive Suchen von dir vielleicht gerade ein bisschen überhandnimmt, ein bisschen zu viel ist. Seit wir uns hier in der Bar getroffen haben, blinkt dein Smartphone immerhin jede zweite Minute auf, weil du ein neues Tinder-Match hast.«

»Das ist nur heute so, weil ich vorhin wie ein Hetero-Mann alles nach rechts gewischt habe«, sage ich verteidigend, obwohl mir das gerade doch einen Ticken peinlich ist.

»Weil von Heteromännern immer die besten Ideen kommen?« Esra grinst und greift in seine Kippenschachtel.

»Du hast ja Recht«, nicke ich und gebe ihm versöhnlich Feuer.

»Lass jetzt mal über dich quatschen«, hüstle ich heraus. Die letzte Nacht hat sich in meiner Lunge eingenistet. »Wo hast du denn deinen neuen Boy kennengelernt? Darüber weiß ich ja noch gar nichts.«

Esra knirscht mit den Zähnen. »In der Tram.«

Als ich nach dem Treffen in meinem Bett liege und 31 neue Tinder-Matches nach und nach auflösen muss, weil ich in meinem irren Umkehrschluss wirklich so gar nicht wählerisch genug war, zweifle ich dann doch auch selbst ein Stück an meiner Herangehensweise der letzten Wochen. Genau wie an dem Abend, an dem ich Esra kennengelernt habe, darf ich natürlich Ausschau halten nach dem Richtigen, ich kann mit Typen chatten und auf Dates gehen; aber ich bekomme nach und nach das Gefühl, dass ich das wirklich ein bisschen lockerer sehen sollte. Und etwas weniger verbissen, sonst geht mir am Ende noch eine neue Freundschaft durch die Lappen. Mit dem Marathon und den Apps bin ich die Sache immerhin fast so intensiv angegangen, als würde ich auf den letzten Drücker nach dem perfekten Geburtstagsgeschenk für eine Freundin suchen. Und da weiß man eigentlich auch schon im Vornherein, dass man das am Nachmittag vor der Party nicht mehr findet. Das muss einem entweder doch irgendwie wirklich in den Weg fallen, oder es braucht einfach ein bisschen mehr Vorlauf. Vier. Drei. Zwei. Nachdem die neuen Matches verschwunden sind, schließe ich die Dating-App, gehe in Nachrichten und tippe:

»Alisha, ich glaube, ich muss mal kurz aus meinem eigenen Kopf raus!«

»Durch Yoga und so? Ich kann dir eine gute App empfehlen.«

»Da habe ich an etwas anderes gedacht! Bist du am nächsten Wochenende in der Heimat?«

#7 Was ist zu Hause?

Tagebucheintrag vom 23. November 2009
Nach der Selbsterkenntnis und dem sich selbst Eingestehen ist das Enttäuschen das Schlimmste. Mein ganzes Leben lang habe ich die Regeln schließlich befolgt. Rote Ampel heißt Stehen, Grün heißt Gehen. Drogen sind schlecht und Rauchen auch, das habe ich also nie angefangen. Einen Bruder darf man mal beleidigen, aber nach der Beichte betet man fünfmal »Vater unser« und zweimal »Gegrüßet seist du, Maria«, dann ist das wieder okay. Ich wollte ein guter Sohn sein, ein guter Freund, eine gute Person, vor allem eine richtige. Die Grenzen habe ich also nie übertreten. Stattdessen habe ich fleißig für Schulprüfungen gelernt, Mama in der Küche geholfen, ich habe immer versucht, freundlich zu sein zu Menschen, die zu mir unfreundlich waren, und mich zurückgenommen, wenn andere gerade mal mehr Aufmerksamkeit brauchten.
Ich wollte jemand sein, auf den man stolz sein kann.

Auf den man sich verlassen kann. Jetzt ist da so viel Angst. Ich habe Angst, dass das alles vergessen wäre, wenn ich die Wahrheit ausspreche. Dass ich dann eine Enttäuschung für die Personen um mich herum wäre und nur noch jemand, der mal jemand war, auf den man stolz sein konnte.
Warum schreibe ich das auf? Abgespeichert auf meinem Laptop, ohne Passwort, mitten auf dem Desktop sitzend. Vielleicht weil ich mit meinen Gedanken nicht mehr länger alleine sein kann. Sicher aber, weil ich doch irgendwie hoffe, dass jemand zufällig über meine Notiz stolpert. Dass diese Person die Zeilen liest und sagt: »Julius, ich liebe dich trotzdem, und zusammen bekommen wir das hin!« Das wünsche ich mir am meisten.
Wir schreiben den 23. November 2009. Wir werden sehen, an welchem Datum diese Notiz von jemandem gefunden wird oder ich sie vor Schiss wieder lösche.

»Fuck«, denke ich, ziehe meine Kopfhörer aus den Ohren, springe von meinem Sitzplatz in Wagen 33 auf und renne zur Toilette. Die Zugtoilette ist frei. Gott sei Dank! Schon die letzten paar Male hatte ich einen flauen Magen, als ich in die Heimat gereist bin, doch heute ist es besonders schlimm. Warum das so ist, weiß ich nicht. Ich wollte ja kommen, um hier ein Wochenende lang runterzufahren, um eine Auszeit von Berlin einzulegen. Ich dachte eigentlich, mein Körper würde sich da besser arrangieren. Aber heimzukommen ist wohl trotzdem komisch, da wird mein Magen flau, und häufig bekomme ich obendrauf einen roten Ausschlag, der sich über meine Nasenflügel zieht. Mein emotionales Empfinden schlägt sich genauso gerne auf meinen gesamten Organismus nieder wie Musik auf meine Stimmung. Diese Verbindungen gibt es schon immer. Na ja, Mama holt mich gleich ab, da freue ich mich drauf.

Als ich die Tür zu meinem Zimmer öffne, laufe ich gegen einen muffigen Geruch, der wie eine unsichtbare Wand im Raum steht. »So riechen also acht Wochen ohne Bewohner«, denke ich und rolle meinen Koffer in die Mitte des Zimmers. Ich laufe zur Schaltzentrale und lasse die Jalousien hochlaufen. Es wird hell. Ich schiebe die Fenster auf, und es wird laut. Der Regen prasselt auf die Außenfliesen und gibt einen gleichmäßigen Rhythmus vor wie der eines Spielmannszugs. Selbst der Regen hält sich hier an die Regeln. Ich werfe mich aufs Bett und atme tief durch, als Mama um die Ecke schaut.

»Hast du schon gesehen? Ich habe dir da ein paar Badewannenkugeln hingelegt. Damit du dich richtig entspannen kannst«, sagt sie auf der Türschwelle.

»Danke, du bist die Beste. Ich mache mich noch kurz frisch und komme rüber, okay?«

Bevor ich Papa sehe, betrachte ich mich gerne noch mal im Spiegel meines Jugendzimmers. Das ist zu einer Art Ritual geworden, das ich noch nicht so ganz ablegen kann. Ich schlage mir dann im Bad Wasser ins Gesicht, spüle *Odol Med 3 Zahnfleisch aktiv* durch meinen Rachen, sprühe Deo unter die Achseln, und oft ziehe ich mir noch mal ein frisches Hemd an. Bevor ich Papa »Hallo«

sage, putze ich mich heraus. Ich brauche das, obwohl er das bestimmt gar nicht merkt, und wichtig wäre es ihm sicher auch nicht. Aber wenn er mich begrüßt und doch für einen Moment mustern sollte, will ich wie die beste Version von mir aussehen, nicht wie jemand, der sechs Stunden Zugfahrt hinter sich hat, sich dabei zweimal fast übergeben musste, ein bisschen nach Bordbistro riecht und nach der Kippe, die er noch schnell am Bahnhof geraucht hat. Ob sich der verlorene Sohn in der Bibel auch erst mal ein neues Hemd angezogen hat, bevor er wieder vor seinen Vater getreten ist? Vielleicht habe ich mir das da abgeschaut. Die Geschichte hat mich schließlich seit dem Kommunionsunterricht irgendwie begleitet.

Tagebucheintrag vom 12. Februar 2010
Langsam frage ich mich, warum ich das mit dem Leben überhaupt mache. Trotzdem setze ich ein Lächeln auf. Wobei, in letzter Zeit nimmt das Lächeln mehr und mehr ab, das merkt auch mein Umfeld, glaube ich. Ich fühle mich so unheimlich einsam, das muss anderen eigentlich auffallen, das müssen sie ja spüren. Außerdem esse ich viel, und ich schlafe kaum. Ich grenze mich ab, bleibe fast nur noch alleine in meinem Zimmer und schaue Serien von Menschen, die fröhliche Leben haben und fröhliche Beziehungen führen. Sehen sie das nicht? Mein Wunsch des letzten Eintrags ist bisher jedenfalls nicht in Erfüllung gegangen. Niemand ist gekommen, um mich zu retten. Und ich ziehe mich zurück und rette mich nicht selbst. Vielleicht ist es morgen wieder besser? Vielleicht? Vielleicht?

Als ich mit meinen Eltern beim Abendbrot sitze, beobachte ich mich dabei, wie ich versuche, mein Kreuz, das normalerweise etwas in sich gekrümmt ist, unnatürlich in eine gerade Position aufzurichten. Auch das ist eine alte Routine, die ich ablegen sollte, und weil ich mir das jetzt bewusst mache, lasse ich mich mit jedem Bissen in die Stulle mehr fallen, und so sacke ich weiter und weiter in mir zusammen, bis ich am Ende dasitze wie gewöhnlich und die Beine übereinanderschlage. So wie mit meiner Haltung weiß ich heute, dass mein Verhalten im Generellen, wie ich mich über ein gutes Stück meines Lebens gegeben habe und aufgetreten bin, eine Art der Überkorrektur war. Wahrscheinlich, weil mir schon lange vor meinem Coming-out unterbewusst klar war, dass ich nie so ganz der Norm entsprechen könnte. Dass da ein Punkt kommen würde, an dem ich aus der Sicht der anderen falsch abbiege. Wie in meiner ersten Führerscheinprüfung, durch die ich mit wehenden Fahnen geflogen bin. Ganz am Anfang sagte der Prüfer »Jetzt links abbiegen«, ich aber fuhr rechts. Ab diesem Punkt war die Prüfung eigentlich schon gelaufen, das wusste ich direkt, weil ich jetzt so aufgeregt war, dass ich beim nächsten Abbiegen alles richtig machen wollte und zwar gleichzeitig: Blinker an, in den Rückspiegel schauen, die Kreuzung checken, erster Gang, anfahren, Blinker aus, schalten. Am Ende würgte ich das Auto mitten auf der Kreuzung viermal hintereinander ab. Ich war irgendwann nur noch ein Nervenbündel, das solche Angst hatte, durch die Prüfung zu fallen, dass die Rechts-Links-Schwäche alles übernahm und ich so gar nichts mehr konnte.

Nach dem Abendessen lande ich mit Papa vorm Fernseher, auf dem irgendein Spiel seiner Lieblingsmannschaft läuft. Früher habe ich das mit ihm und meinen zwei Brüdern noch verfolgt und wusste, wer spielt. Heute rufe ich nur noch laut »Das war doch kein Foul!« im Reflex, wenn die Emotionen hochkochen.

Tagebucheintrag vom 15. März 2010
Warum bin ich kein Fußballer geworden? Warum konnte ich nicht einfach ein verdammter Maradona werden, ein Kahn oder von mir aus auch ein Zidane. So ein Typ, der an den Rand spuckt, auf dem Spielfeld aggressiv ist und andere Männer wirklich nur herzt, wenn er den Elfmeter versenkt hat. Notfalls würde es auch eine andere Sportart tun. Warum konnte ich kein Triathlet werden? Oder ein Basketballspieler? Ein weiteres German Wunderkind wie Dirk Nowitzki? Hauptsache Sport und Hauptsache so richtig männlich. Na ja, und eben hetero. Hetero wäre wichtig.

»Wie läuft's denn gerade in Berlin, Julius? So wirklich?« Während Papa am Export-Bier nippt, dreht er sich in der Halbzeitunterbrechung zu mir.

»Ganz gut, echt. Die Arbeit ist gut, ich bekomme immer bessere Themen, über die ich schreiben darf, und na ja, ich bin gesund. Ist also alles fein.«

»Und hast du denn gerade einen Partner an deiner Seite?«

»Ach, mit den Männern steht es gerade nicht so gut. Die drei Beziehungen haben mich schon ein bisschen mitgenommen. Vor allem die letzte, die mit dem Iren. Das habe ich mir irgendwie ganz anders vorgestellt. Ich dachte, er wäre der Eine«, sage ich, und noch im selben Moment, in dem ich den letzten Satz ausspreche, übermannt es mich, und meine Augen werden wässrig. »Na ja«, sage ich weiter im Versuch, die Traurigkeit zurück in die Brust zu drücken. »Jetzt schau ich mich halt einfach wieder um. Irgendwo muss es ja den Richtigen geben.«

»Das wird schon, Julius«, sagt Papa, und ich merke, dass er gerade auch nicht so recht weiß, wie er reagieren soll. Mein Ausbruch kam für uns beide überraschend.

»Aber sag mal, ich dachte, du hattest bisher nur zwei feste Beziehungen«, lenkt er daher ab.

»Hm«, raune ich und versuche, nicht von der einen in eine andere Traurigkeit umzuschwenken. »Na das ist, weil wir noch nicht über so was gesprochen haben, als ich meine erste Beziehung hatte. Wenn es beim Familienessen um Beziehungen ging, hast du damals nur meine Brüder gefragt, wie es denn bei ihnen mit den Mädels ausschaut, und hast mich ausgelassen. Also hab ich das alleine mit mir ausgemacht. Wobei – Mama habe ich davon schon erzählt.«

»Das tut mir leid. Dass ich da nicht für dich da war«, sagt er jetzt auch ein bisschen traurig.

Tagebucheintrag vom 28. Dezember 2010
Familie sollte sich anfühlen wie zu Hause. Doch gerade fühle ich mich hier leider gar nicht mehr zu Hause. Ich komme zum Frühstück in die Küche, mein älterer Bruder motzt mich an, ich bin eingeschnappt. Die Ketten-

reaktionen sind so festgezurrt. Es ist fast wie einstudiert. Er sagt daraufhin zu Mama: »Siehst du, weil du ihn so verzogen hast, ist er wie ein Schwuler!«, und geht in sein Zimmer. Ich bleibe in der Küche stehen, weil mein ganzer Körper nur noch zittern kann. Mama sagt, dass ich bei so was lockerer sein müsse, der sei nur schlecht drauf, meine das nicht so. Aber wie soll ich das machen? Sieht denn niemand, dass ich zittere? Papa kommt die Treppe runter, schaut mich an und sagt: »Julius, du kannst doch wohl nicht bei jeder Kleinigkeit, wenn du denkst, dass du angegriffen wirst oder etwas schwierig wird, eingeschnappt sein.« Sein Blick spricht dabei Bände. Ich bin schon längst der Sohn, der eine Enttäuschung ist. Kurz frage ich mich in diesen Situationen dann immer wieder, wofür ich mein Doppelleben als Hetero überhaupt noch aufrechterhalte. Bis der Moment vergeht, denn dann fällt es mir wieder ein: Sensibel zu sein ist schließlich nicht so schlimm wie schwul.

»Wusstest du, dass ich früher immer extralange aufgeblieben bin, um nachts *Queer as Folk* zu schauen?«, frage ich Alisha, als wir uns am Abend darauf endlich sehen und zusammen auf der Terrasse sitzen.

»Ne, war das gut?«

»Auf jeden Fall besser als die *Sexy Sport Clips*, die zur selben Zeit liefen«, lache ich.

»Und wie fühlt es sich jetzt an, in der Heimat zu sein?«, fragt sie und hebt ihr Glas zum Anstoßen.

»Ganz gut eigentlich«, sage ich, während die Gläser klirren. »Ich mein, hier ist einfach schon so viel passiert.

Ich weiß einfach nicht, ob ich mich in Aschaffenburg mittlerweile wieder zu Hause fühle.«

»Das kann ich verstehen. Zu Hause ist halt auch so ein bedeutungsschweres Wort geworden. So wie Glück oder Liebe. Ich glaube, das hat einfach viel damit zu tun, wie es einem selbst geht, ob man es so nennen kann. Und klar, du hast so viele Erinnerungen an die Zeit hier, die nicht gut sind.«

»Das stimmt«, sage ich, nehme einen Schluck vom Riesling, und wieder übermannt es mich. Beim Zuhause geht es wirklich nie um eine Stadt, sondern vielmehr darum, ob man sich wohlfühlt. Das war hier eine ganze Zeit nicht so. Deswegen bin ich für den Neustart nach Berlin aufgebrochen. Dafür und weil es in Berlin doch mehr schwule Männer gibt und Spätis, Jobs, in denen ich kreativ sein kann, und Nachbarn, die sich deinen Namen eigentlich nur merken, wenn sie oft Pakete für dich entgegennehmen. Aber gerade auf der Terrasse mit Alisha bekomme ich das Gefühl, dass ich das hier vielleicht schon auch wieder mein Zuhause nennen kann. Da, wo ich mich am wohlsten fühle, ist schließlich da, wo mein Freundeskreis ist, und seit ein paar Jahren auch wieder da, wo meine Familie ist, Mama, Papa, meine Brüder – unsere Beziehung ist heute auch besser denn je – und die Hunde. »Am Ende habe ich mich doch selbst gerettet. Ich habe das geschafft. Ich habe das überwunden, auch wenn ich mir im Zwischenteil wirklich mehr Unterstützung und bedingungslose Liebe gewünscht hätte«, denke ich, da kommt Papa mit einer Flasche Rotwein um die Ecke.

»Julius, machst du bitte alle Lichter aus, wenn ihr reingeht? Ich kann sonst echt nicht gut schlafen«, sagt er.

Ich nicke. »Klar, Papa, ich mache später alles aus.«

»Hier, für euch. Das ist ein richtig Guter«, sagt er und stellt den Rotwein auf den Tisch.

Ich schaue zu ihm hoch. »Macht Mama morgen eigentlich ihren berühmten Sonntagsbraten? Und kommen meine Brüder auch?«

»Natürlich«, sagt er, bückt sich zu mir runter und drückt mich fest an sich. »Es gibt ja was zu feiern.«

#8 Bin ich erwachsen?

»Ich mag, dass deine Dielen als Fischgräten gelegt sind«, rufe ich durch die geräumige Wohnung zu Christian, der auf der anderen Seite der geöffneten Flügeltüren an seiner Kücheninsel eine Servierplatte mit Käse belegt.

»Das war auch einer der Gründe, warum ich die Wohnung haben wollte«, ruft er zurück. »Das habe ich in Berlin vorher nirgends so gesehen. Das hat für mich eher so etwas Nordisches.«

»Das Muster passt«, denke ich, denn als Person hat Christian auch etwas Nordisches an sich. Er ist groß gewachsen, er hat die kernige Figur eines Seemanns und blondes Haar, auch wenn sich das so langsam lichtet. Christian könnte gut aus einer dieser wohlhabenden Großfamilien stammen, die es in Hafenstädten wie Kiel oder Hamburg gibt. Einer Familie von Kaufmännern und Reedern, die ihren Reichtum über Jahrzehnte im Überseehandel angehäuft hat. »Shit!«, unterbreche ich meine kleine gedankliche Ahnenforschung, denn ich bin mir ziemlich sicher, dass mir Christian bereits im Club verkündet hatte, was er beruflich macht. Und wenn ich gerade so darüber nachdenke, hat er mir das vielleicht auch noch mal im Taxi erzählt. Was sage ich? Ich bin mir hundertprozentig sicher, dass er das auf dem Weg noch mal gesagt hat, weil meine Erinnerung zurückkommt, dass ich ihn auf der Rückbank selbst noch danach gefragt habe. Doppel-Shit! Das zeitliche Fenster, in dem man solche Informationen noch mal erfragen darf, bevor es richtig, richtig blöd ist, ist damit schon mehr als fest verriegelt.

»Christian, was machst du noch mal so im Leben?«, rufe ich trotzdem wieder zur Insel, weil es mich jetzt doch mehr interessiert, ob ich mit seiner Familiengeschichte Recht behalte, als dass es mir peinlich ist. Christian lacht.

»Ich bin Anwalt.«

»Richtig, richtig, Anwalt«, wiederhole ich in wissendem Ton, so als hätte ich das schon mal registriert. Im selben Moment zwicke ich aber in meinen rechten Oberschenkel, weil ich hoffe, dass das mit dem Ausnüchtern hilft. Als mich Christian auf der Tanzfläche des Schwuz, einem queeren Club in Neukölln, ansprach, war ich nämlich alles andere als nüchtern.

Den Entschluss, in den Club zu fahren, hatte ich ungefähr vor fünf Stunden gefasst. Da keine meiner Freundinnen etwas unternehmen wollte, habe ich es mir mit einer Tiefkühlpizza im Arm vor Netflix auf dem Sofa gemütlich gemacht, was ich eigentlich eine ganz hervorragende Gestaltung eines Samstagabends finde. Doch als ich um kurz vor 10 beim Aufräumen der Reste am Spiegel meines Wohnzimmers vorbeilief und mich so betrachtete in Dinosaurier-Boxershorts, T-Shirt mit Fettflecken und Tomatensoße im Dreitagebart, fing etwas in mir an zu kribbeln. Die Abenteuerlust packte mich. Und so öffnete ich eine Flasche Grauburgunder, schenkte mir ein Glas bis zum Rand ein und hielt eine Motivationsrede vor dem Spiegel, bevor ich mir meinen Tatendrang selbst schlechtmachen konnte. Die Rede ging irgendwie so: »Okay, Julius, ich weiß, du hattest beschlossen, eine kleine Pause von den Männern einzulegen, aber wir sind ja unter uns, da können wir ehrlich sein: In einen Club zu fahren, um für ein paar Stunden zu tanzen und mit irgendeinem Typen zu knutschen, der dir gefällt, das ist nun wirklich keine verbissene Suche. Das heute wird kein aggressiver Marathon, sondern eher ein angenehmer Nachtspaziergang. Ein Nachtspaziergang mit Knutschen.«

Mit diesem Mantra saß ich also um 12 in der U-Bahn, gab um halb 1 meine Jacke an der Garderobe ab, stand ein bisschen später in der Menge und siehe da: Ich habe getanzt, mich umgeschaut und einen schönen Mann zum Knutschen gefunden. Christian, ein Typ in seinen Vierzigern, der mich als Anmachspruch auf eine Runde Berliner Luft eingeladen hat. Auf Runden einladen, das machen Jüngere kaum noch, das hat mir gefallen. Ich weiß nicht, was es ist, dass ich ältere Männer so stark anziehe, ob mir mein Vaterkomplex irgendwie auf der Stirn geschrieben steht mit einer magischen Tinte, die nur Ü40er sehen können – aber bei Daddys stehe ich schon immer hoch im Kurs.

Zurück in Christians Wohnung in Dahlem gleiten meine Socken weiter über den glatten Dielenboden vorbei an Design-Klassikern. Christians Wohnung, die das komplette erste Stockwerk des Hauses einnimmt, ist unheimlich geschmackvoll eingerichtet. Die Möbel sind so fein platziert wie Exponate in einer Ausstellung, um einen Esstisch aus Massivholz stehen vier Stühle von Vitra, von denen jeder bestimmt 300 Euro kostet, und im Badezimmer gibt es italienische Fliesen und Düfte in französischen Flakons.

»Ich hoffe, du magst das«, sagt Christian jetzt, während er die Snackplatte auf den Esstisch stellt. Auf der Platte befinden sich Erdnüsse, die in Wasabi getunkt wurden, verschiedene Käsesorten von mild bis unheimlich stinkig, und Feigensenf zum Dippen.

»Das sieht alles fabelhaft aus«, sage ich und stopfe mir einen paar Wasabinüsse in den Mund. Auch das könnte schließlich mit dem Ausnüchtern helfen.

»Ist das eigentlich der Soundtrack von *Call Me By Your Name*, der im Hintergrund läuft?«, frage ich ihn, nachdem ich die halbe Servierplatte wie eine aushungerte Straßenmaus in Sekundenschnelle geleert habe. Christian schaut mich an, und wieder lacht er.

»Ne, das ist Bach«, sagt er schließlich und zeigt auf einen Rollwagen, auf dem eine Sammlung an Digestifs steht. »Lust auf ein Glas Whiskey zum Abschluss?«

»Nur, wenn er älter ist als ich«, grinse ich.

Christian macht sich auf den Weg zum Wagen, schenkt dort zwei Gläser ein und reicht mir eins rüber.

»Das kommt fast hin. Der hier ist 25«, grinst er zurück.

Ich nehme das Glas, fahre mit einer Hand durch seine Haare und stelle mich vor eines der tiefen Fenster des Esszimmers. Christian stellt sich hinter mich und legt seinen Kopf auf meiner Schulter ab, was sich ziemlich schön anfühlt.

»So könnte mein Leben also auch aussehen«, denke ich, während wir gemeinsam in den Vorgarten blicken. Ein ganzes Stockwerk für einen selbst, ein überdachter Stellplatz für den BMW und ein richtiger Garten statt eines kleinen Balkons. Ob es für den auch einen Gärtner gibt? Bestimmt! Bestimmt kommt hier jemand einmal pro Woche vorbei, der die Hecken zum Nachbargrundstück stutzt und die Rosenbüsche schneidet, die dann als Bouquet auf dem Esstisch landen. Und eine Pflegekraft, die sich um den Rest kümmert, gibt es sicher auch. Während ich durch mein Alternativuniversum wandere, küsst mich Christian in den Nacken bis hinters Ohr, und kurz stelle ich mir vor, dass er gleich wie Mufasa »Eines Tages wird das alles dir gehören, Julius« flüstert. Aber er flüstert nicht, sondern küsst mich weiter, und so stelle ich mir die Frage selbst. Ob das irgendwann alles mir gehören wird? Also vielleicht nicht wirklich das hier, aber so etwas Ähnliches? Könnte mein Leben auch so aussehen? Und noch mehr drängt sich mir jetzt eine andere Frage auf: Bin ich erwachsen? Vor einigen Stunden saß ich schließlich auf meiner Couch noch mit Tiefkühlpizza im Arm und Ariana Grande im Hintergrund statt bei Käsevariation und Bach, was mir jetzt im Kontrast ziemlich kindlich vorkommt.

»Und was ist nach dem Whiskey passiert?«, will Henry wissen, als wir am Abend darauf auf meiner Couch einen Superhelden-Film schauen.

»Na, wir haben noch ein bisschen gequatscht, er hat mir gezeigt, wie man eine Zigarre raucht. Spoiler: Es hat mir so gar nicht geschmeckt. Und dann sind wir ins Bett. Und ich sag dir, die Decken waren so wahnsinnig fluffig. So fluffig, wie sie das sonst nur in Hotelzimmern sind. Und na ja, im Bett habe ich noch seinen Rücken massiert, wir haben ein bisschen geknutscht, und irgendwann sind wir beide weggenickt.«

»Oh, das klingt doch super«, sagt Henry und zieht eine Karotte durch Crème fraîche mit Kräutern. Das hatte ich vorher noch schnell vorbereitet.

»Voll! Er war echt ein richtiger Gentleman. Das Einzige, was ich ein bisschen creepy fand, ist, dass er während der Massage immer und immer wieder ganz merkwürdig *Du tust mir so gut* gestöhnt hat. Das hat bei mir die Nackenhaare aufgestellt.«

Henry lacht. »Du tatst ihm eben gut«, stöhnt er nach, lässt sich auf die Rückenlehne der Couch fallen und stöhnt weiter. »Oh Julius, von welcher Wolke bist du denn gefallen? Du tust mir so gut. Julius, ist dein Vater ein Dieb? Denn er hat die Sterne vom Himmel gestohlen und in deinen Augen versteckt. Oh Julius!« Henry hört gar nicht mehr auf.

»Du bist ein Arsch«, sage ich und schlage ihm gegen die Schulter.

Als Henry später seine Stiefel schnürt, hat er sich endlich wieder beruhigt, doch meine Gedanken suchen immer noch nach Antwort auf die Mufasa-Frage.

»Henry, sag mal, was ganz anderes zum Schluss: Fühlst du dich eigentlich erwachsen?«, frage ich ihn daher, während er sich wieder aufrichtet und seine Jacke überzieht.

Henry pustet direkt laut heraus: »Hah! Ich wusste doch, dass es irgendeinen verrückten Grund hat, dass du diesen gesunden Karottensnack kredenzt hast.«

»Vielleicht«, murmle ich ertappt. »Aber sag doch mal …«

»Ja«, antwortet er schließlich mit fester Stimme. »Klar fühle ich mich erwachsen. Ich habe auf der Arbeit einen Assistenten, der mir zuarbeitet, ich habe eine eigene Wohnung, die ich pünktlich bezahlen kann, und ein Auto, für das ich mir die Versicherung leiste, obwohl ich es viel zu wenig benutze. Fehlt eigentlich nur noch die Yacht, und das Erwachsenenquartett wäre voll, oder nicht? Ach so – Kinder fehlen noch, aber die könnte ich mir schon auch bald vorstellen.«

»Mit deiner neuen Laufpartnerin?«, frage ich verschmitzt, weil Henry kurz nach unserem Marathontelefonat vor einem Monat doch wieder zur Liebe gefunden hat.

»Ja, wer weiß das schon«, sagt er jetzt. »Aber ich glaube, selbst wenn sie mir nächste Woche sagen würde, dass sie überraschend schwanger geworden ist, würde ich mich eher freuen, als dass ich Angst hätte. Ich wüsste halt, dass wir das hinbekämen. Das war vor ein paar Jahren noch ganz anders.«

Henrys Sicherheit in dieser Frage und sein Kinderwunsch überraschen mich so sehr, dass ich über die darauffolgende Woche meinen Alltag wie durch ein Vergrößerungsglas betrachte, um selbst sicherer zu werden, ob auch ich erwachsen bin. Ganz genau schaue ich mir also mein Arbeitsumfeld an und auch wie ich dort agiere, ich checke, was ich einkaufe, durchforste meine Wohnung, führe Inventur darüber, was ich besitze, und lausche den Gesprächen, die ich mit Freundinnen führe, noch besser. Und mehr und mehr denke ich in jedem Schritt, dass Henry wirklich Recht hat: Vor ein paar Jahren war das nämlich noch ganz anders. Wo früher das inoffizielle Motto von Berlin »Arm, aber sexy« auch für meinen Freundeskreis inklusive mir die Art des Lebens war, ist es das heute nicht mehr. Es hat sich so einiges verändert. Der Kreis hat heute nicht mehr nur schicke Sneaker – die gab es nämlich auch trotz leeren Kontos immer schon –, sondern auch Karrieren, in denen wichtige Entscheidungen getroffen werden, Wohnungen in guten Gegenden oder Wohngemeinschaften, in denen mittlerweile aber Spülmaschinen statt Bergen aus Pfandflaschen stehen, und der Kreis redet mehr über Versicherungen und Bio als Gästelistenplätze.

»Julius, das ist ja trotzdem ganz normal, dass dir das nicht so leicht über die Lippen läuft«, unterstützt mich

Toni, als ich am Freitag nach meiner Observierungswoche mit ihr telefoniere. »In der Generation vor uns war einfach mehr Beständigkeit drin. Die hatten schneller den Partner oder die Partnerin fürs Leben gefunden, haben schneller geheiratet und Kinder bekommen und einen Job für die Ewigkeit behalten. Die haben sich die Frage daher bestimmt viel weniger gestellt. Das ist alles einfach passiert. Und weil diese klassischen Pfeiler, die das Erwachsensein ausmachen, so viel unbeständiger sind, hinterfragen wir. Das kann unsere Generation ja sowieso besonders gut.«

»Das verstehe ich ja, aber weißt du, was mich vor allem davon abhält zu sagen, dass ich erwachsen bin? Mein Hochstaplersyndrom. Oft denke ich einfach, dass ich nur vorgebe, etwas zu können, obwohl ich null Ahnung habe.«

»Aber genau das ist doch Erwachsensein. Dass du alles machst und angehst, auch wenn du nicht weißt, ob und wie das funktioniert. Unsere Eltern haben sich durch Steuererklärungen, Kreditgespräche bei der Bank und die Kindererziehung auch eher so durchgemogelt.«

Am Abend darauf treffe ich Christian wieder. Er hat mich ins Grill Royal eingeladen, ein gehobenes Restaurant, das Stammgäste nonchalant nur als »Grill« bezeichnen, was ich trotz Datingpause nicht absagen konnte. Gut so, denn auch unser zweiter Abend ist wirklich schön. Wir lachen viel und reden mehr über Quatsch als Politik. Und so landen wir nach Rinderfilet, Vichy-Karotten und Kartoffelstampf wieder in Christians perfekter Bachelor-

Wohnung, die ich mir heute noch genauer anschaue als beim ersten Mal. Ich schaue mir den Digestifwagen an und die Kunstdrucke und den Garten. Und als ich mich nach meiner Tour auf einen der Eames Chairs setze, sitze ich sofort bequem, weil mir bewusst wird, dass ich eigentlich gar keinen Grund hatte, Christian und mich am Wochenende davor auf zwei unterschiedliche Ebenen zu stellen: er erwachsen, ich nicht. Nur weil es hier ein bisschen schicker aussieht als in meiner Wohnung? Weil er älter ist und Whiskey kennt? Warum hänge ich mich an solchen Kleinigkeiten auf? Auch ich weiß schließlich, wie alt ein guter Whiskey sein muss, und den Franz Marc mit den blauen Pferden an der Wand erkenne ich auch. Irgendwie war das nur eine Unsicherheit, die ich gar nicht haben sollte. Die Pflanzen in meiner Wohnung haben schließlich die letzten zwei Jahre auch überlebt, seit ich sie eingetopft habe, und Steuern bezahle ich genauso wie eine Haftpflichtversicherung. Vielleicht haben die ganzen Stunden des Sims-Spielens als Teenager, in denen man sich am Erwachsensein erprobte, also doch etwas gebracht.

»Woher kommt der Rotwein eigentlich?«, frage ich Christian, als wir bei einer Flasche Pinot noir wieder am Massivholztisch sitzen.

»Das weiß ich ehrlich gesagt nicht«, sagt er, und ich merke, dass er jetzt ein bisschen rot wird. »Bei Rotwein kenne ich mich nicht so gut aus, aber ich mochte das Etikett«, sagt er weiter. Jetzt muss ich lachen.

»Prost!«, sage ich laut und flüstere »Auf uns Hochstapler!« in mich herein, da schneide ich mich im selben Moment an einem kleinen Bruch im Glas. Wie war das noch mal mit den kleinen Sünden?

»Warte, ich hol dir was«, sagt Christian, hechtet zur Kücheninsel und kommt mit einem Notfallkasten zurück, was ich ehrlich gesagt etwas übertrieben finde. Er sprüht Desinfektionsmittel auf den Finger, nimmt meine Hand in seine und klebt ein buntes Pflaster, auf dem die Eiskönigin Elsa aus Disneys *Frozen* abgebildet ist, über den Schnitt. »Sorry, ich hatte nichts anderes«, sagt er dabei entschuldigend und schaut mich so an, als müsste er jetzt noch mehr sagen, und ich ahne schon, was kommt. »Ich hatte dir das bei unserem ersten Treffen noch nicht erzählt, weil das ein bisschen zu früh dafür ist, aber ich mag dich echt gerne, daher sag ich es jetzt einfach. Ich … Ich habe eine Tochter. Noch aus einer alten Beziehung. Die ist vor ein paar Wochen elf geworden, daher die Eiskönigin.«

»Krass, das ist doch schön«, sage ich und gebe Christian einen Kuss auf die Wange, weil ich es wirklich schön finde, dass er das mit mir teilt. Trotzdem weiß ich im selben Moment, dass das damit leider unser letzter gemeinsamer Abend sein wird. Denn – obwohl die Treffen mit Christian ganz wunderbar waren und er ein echter Gentleman ist, selbst wenn ich mich jetzt dank ihm und der Observierungswoche endlich erwachsen nenne, was ich vorher nicht konnte – Kinder sind eine Sache, die ich mir gerade noch nicht in meinem Leben vorstellen kann. Beziehungsweise, vielleicht sogar nie. Im Gegensatz zu Henry habe ich den Kinderwunsch nämlich gerade wirklich so gar nicht. Die *Frozen*-Pflaster hätte ich zwar unheimlich gerne auch in meiner Arzneischublade, aber dann eben nur für eine Person. Für mich. Und na ja, für einen Partner wären sie auch da.

#9 Was ist das perfekte Date?

»Sorry, dass ich so spät dran bin!« Ich hetze auf den großen Mann zu, der an den Treppenstufen zum Rosengarten wartet, und umarme ihn beim Abbremsen so hart, dass wir um ein Haar gemeinsam nach hinten gekippt wären.

»Na, das nenne ich mal einen stürmischen Auftritt«, sagt er noch in der Umarmung.

»Sorry, dass du mich so abfangen musstest«, lache ich und mit »Tut mir echt leid mit der Viertelstunde« drücke ich mich noch mal in seinen Oberkörper. »Ich bin leider eine dieser schlimmen Personen, die immer ein bisschen spät dran sind.«

»Das wären dann schon mal 10 Minuspunkte«, grinst er, als wir die Umarmung lösen, und zeichnet mit seinem rechten Zeigefinger die imaginäre 10 in die Luft.

»Führst du während unseres Dates etwa ein Punktekonto?« Ich schaue ihn herausfordernd an.

»Vielleicht«, schmunzelt er, was ich zum Anlass nehme,

mein eigenes Konto zu starten. 10 Punkte Plus schreibe ich darauf. Sein Humor ist immerhin einer, auf den ich mich einlassen kann.

»Ab wie viel Punkten gibt es denn ein zweites Date?«, frage ich, weil ich finde, dass er das jetzt auch weiterspinnen muss.

»Das überlege ich mir am Ende noch mal«, grinst er ausweichend, und kleine Lachfalten bilden sich über seinen Wangen, wir schauen uns in die Augen, und noch im selben Moment verliere ich mich kurz in seinen. Seine Augen strahlen eisblau, und die Straßenbeleuchtung und der sommerliche Abendhimmel spiegeln sich in ihnen wie das Polarlicht. Obendrein wirken die Augen liebenswert und verlässlich. Sie erinnern mich an die eines Huskys. Husky-Augen – das mag ich.

»Wollen wir?«, reißt mich der Große aus Sibirien nun wieder zurück nach Mitte.

»Wir wollen!«

Im Rosengarten landen wir auf einer der kleineren Bierbänke, die von der Barhütte etwas weiter entfernt sind. Ein bisschen verkrampft setze ich mich auf die eine Seite, er nimmt in einem halben Schneidersitz locker auf der anderen Seite Platz. Überhaupt wirkt er ziemlich locker und bodenständig. Das reflektiert auch sein Kleidungsstil. Er trägt ein hellblaues Freizeithemd, eine kurze Cargo-Shorts und Retro-Sneaker von Adidas. Für später hat er eine Funktionsjacke von The North Face dabei. Dadcore nennt man diesen Stil heute, darüber habe ich erst vor ein paar Wochen einen Artikel fürs Magazin geschrieben. Es steht ihm. »Andererseits, was würde ihm nicht stehen?«, denke ich, während ich ihn betrachte, wie er mir gegenübersitzt. Er ist im Stehen bestimmt fast 1,90 groß, und auch im Sitzen ragt er ein gutes Stück über mich heraus. Er hat einen schönen Dreitagebart, lange, dunkle Kit-Harington-Locken, den Körper eines Leichtathletikers und diese wunderschönen Augen, was insgesamt sicher 100 Pluspunkte macht.

»Magst du Bier? Dann hole ich uns die erste Runde«, stoppt er meine Rechnung.

»Bier ist super!«, sage ich und schaue ihm nach, wie er zur Bar läuft. Auf der Hälfte der Strecke dreht er sich dabei um, wir schauen uns erneut tief an, und er zwinkert mir zu. »Okay. Das mit dem Punktekonto kann ich eigentlich wieder sein lassen«, sagt meine innere Stimme jetzt. Zumindest bisher ist er ein echter Volltreffer.

Die Husky-Augen sind das erste Tinder-Date, auf das ich nach einer Pause von drei Wochen gehe, in der ich alle Apps gelöscht hatte. Zumindest für einen Augenblick wollte ich die Suche neu kalibrieren, mir etwas mehr Zeit lassen und mich auch mal im analogen Leben mehr umschauen, ob ich nicht doch so wie Esra jemanden außerhalb des Internets kennenlernen könnte. Also habe ich in Bars versucht, Augenkontakt zu Männern aufzubauen, die mir gefielen, saß in der U-Bahn bereit, den zerrupften Zettel mit meiner Telefonnummer an jemanden abzugeben, und hatte subtile Flirts mit Typen, die ich über die Arbeit getroffen habe, und mit dem Barista um die Ecke. Am Ende landete ich trotzdem mit keinem der Männer auf einem ersten Date. Meinem Augenkontakt wurde eher ausgewichen, ich wurde von niemandem in der Tram angesprochen, und auch ich habe mich nicht getraut, meine Nummer abzugeben, und so habe ich letzte Woche dann zumindest Tinder doch wieder installiert, ein frisches Profil erstellt und zusammen mit Toni für eine halbe Stunde extraselektiv gewischt. Sechs Matches sind dabei herausgekommen, und der anschließende Chat lief vor allem mit einem Mann gut. Einem, der gerade zwei Rothaus-Pils auf unseren Tisch im Rosengarten stellt.

Die Zeit mit den Husky-Augen vergeht irre schnell, weil er nicht nur optisch ein Hingucker ist, sondern auch die Gespräche, die wir führen, einfach toll sind. Er erzählt von seinem Psychologiestudium, was ich unheimlich spannend finde, er redet über seine Obsession mit Faultieren, was ich richtig süß finde, und darüber, dass er sehr große Flugangst hat, jetzt würde ich ihn gerade gerne im Arm halten. Aber er redet nicht nur über sich, sondern stellt auch viele Fragen und hört aufmerksam zu, wenn ich erzähle. Also erzähle ich ihm von meiner Liebe für Elefanten und erkläre ihm, wie man afrikanische und asiatische Elefanten auseinanderhalten kann (die Ohren), rede über meine Arbeit und mache ihn auf seinen Dadcore-Stil aufmerksam. Unsere Konversation macht Spaß, und ich lache so viel, wie ich das noch nie bei einem ersten Kennenlernen gemacht habe.

»Und, was suchst du gerade so in Sachen Liebe?«, fragt er nach meiner modischen Analyse.

»Ich suche schon etwas Festes«, sage ich. Ich staple tief, weil ich ihn nicht direkt mit Worten wie »Traummann« oder »Romeo« überfordern will.

»Ich auch«, grinst er, und ich merke, wie mein Körper dabei etwas zittert, weil ich das Gefühl bekomme, dass das mit ihm etwas wirklich Gutes sein könnte und dass die Fallhöhe gerade ordentlich nach oben wächst. Ob das der Moment ist, von dem alle sprachen? Ist das mein Moment?

In den letzten Tagen habe ich noch mal mehr mit meinen Freundinnen und Freunden über Dates gequatscht, beziehungsweise vor allem über das allererste. Ich habe sie gefragt, was für sie ein perfektes erstes Date ausmacht und wann sie sich bei ihren Neuen sicher waren, dass es ein zweites Date geben würde. Gerade zu diesem Zeitpunkt sind immerhin so viele Personen meines Kreises in einer Beziehung wie niemals zuvor. Alisha, Amelie, Toni und Henry haben aktuell alle eine neue Person an ihrer Seite, also wollte ich von allen eine Meinung einholen. Doch – was ich in den Unterhaltungen als gemeinsamen Nenner mitnahm, war etwas überraschend, denn es scheint gar keinen zu geben. Klar: Es sei wichtig, dass man sich in der Location wohlfühle, ein paar Gläser Wein würden nicht schaden, solange der Alkoholkonsum nicht komplett überhandnimmt, das war Konsens, und irgendetwas müsste knistern. Doch bis auf diese paar Grundvoraussetzungen hatten die Geschichten wenig gemeinsam. Wobei – alle sprachen dann schon davon, dass es für sie so einen besonderen, ausschlaggebenden Moment gab, an dem sie sich sicher waren, dass es passt.

Einen Moment der Verzauberung. Diesen Moment beschrieben alle vier jedoch so verschieden, wie sie als Personen unterschiedlich sind. Er musste spezifisch zu ihnen passen. So war der Moment für Alisha einer, in dem sie und der Mann zusammen über einen Witz lachten, den, so meinte sie, 95 Prozent ihrer Freunde nicht verstehen würden, und ihn für eine halbe Stunde ausreizten, bis er auch für sie nicht mehr lustig war. Amelies Moment fand in einer hitzigen Diskussion über Klimawandel statt, Toni merkte, dass es passt, weil er etwas Liebevolles sagte und sie in den Augen ihres neuen Mannes genau da nur Ehrlichkeit sah, Henrys Moment hatte etwas mit *Herr der Ringe* und einem geteilten Faible für das Fantasy-Genre zu tun.

»Okay, so einen Moment hatten wir heute noch nicht«, denke ich, da holt mein Tinder-Date sein Samsung-Smartphone aus der Tasche.

»Ob er gerade etwa einen Notfalltext an Freunde schickt?«, schießt nun die Angst durch meinen Körper, dass ich die Situation bisher irgendwie komplett falsch gelesen habe. »Ist es dir gerade zu langweilig mit mir?«, spreche ich die Angst dann aus Versehen auch noch aus. »Das gibt Minuspunkte«, denke ich, da grinst er mich an.

»Gar nicht. Aber kennst du diese Liste an Fragen, die es mal in der NEON gab? *99 Fragen, die man sich mindestens einmal im Leben stellen sollte?* Eine Freundin ist die mit mir vor ein paar Tagen durchgegangen, und ich fand das echt spannend. Darüber lernt man die andere Person noch mal besser kennen. Wollen wir das machen?«

»Ja, warum nicht!« Ich atme beruhigt durch und nippe am Bier, während er mir die Liste auf seinem Display zeigt. »Soll ich eine Frage raussuchen, die du dann beantworten musst, und du dann eine für mich und immer so abwechselnd?«

»Das finde ich gut«, nickt er.

»Gut«, wiederhole ich. »Ich fange mal einfach an: Wie viele Gerichte kannst du auswendig kochen?«

»Hm«, überlegt er kurz und nimmt auch einen Schluck vom Bier. »Ziemlich viele, glaube ich. Bestimmt dreißig?«

»Sehr cool, ich kann nämlich nicht wirklich kochen, aber – und darauf bin ich besonders stolz – in Lieferservice-Bestellungen bin ich Profi.«

Er lacht. »Ich dachte, wir müssen die Fragen, die wir stellen, nicht selbst beantworten.«

»Stimmt!«, grinse ich verlegen und gebe ihm das Smartphone zurück.

»Okay, dann mach ich es dir jetzt auch erst mal einfach.« Er schaut auf den Bildschirm. »Was ist deine Schokoladenseite?«

»Also ich weiß, dass eine meiner Gesichtshälften im Profil wesentlich besser aussieht als die andere, aber ich vergesse immer, welche«, rätsle ich und schaue dabei einmal langsam nach links und dann nach rechts. »Weißt du, was ich meine? Die eine ist richtig schön und die andere eher ein bisschen frettchenmäßig.«

»Quatsch«, grinst er. »Du hast ein sehr symmetrisches Gesicht.«

»So wie Julia Roberts?«, grinse ich jetzt bis zu den Ohren.

»Ja«, sagt er in einem extra ernsten Tonfall. »Ganz genau so wie Julia Roberts.«

Abwechselnd holen wir an der Bar zwei weitere Runden Bier und stellen uns noch eine ganze Reihe an Fragen, wobei wir die schwierigen doch noch etwas umtänzeln. Trotzdem finde ich über ihn heraus, dass er sich besonders auf einen Urlaub im Himalaya-Gebirge freut, der in seinen Semesterferien ansteht, dass Joggen sein einziges Hobby ist und er das auch okay findet und dass er sich noch nie selbst gegoogelt hat. Ich verrate ihm, dass ich noch nie gestohlen habe, nur mal Mittäter war, dass Rosen meine Lieblingsblumen sind und ich deswegen auch den Rosengarten für unser Date ausgesucht habe, und ich sage ihm mit erröteten Wangen, nach welchen Begriffen ich auf Pornoseiten suche.

Nach der Pornofrage lacht er und nimmt seine Jacke in die Hand: »Ich würde vorschlagen, ich hole uns noch eine letzte Runde, und dann laufen wir noch ein Stück zusammen. Es ist so ein angenehmer Abend.«

Mit zwei Rothaus fest im Griff ziehen wir also los, wobei es wirklich bei einem Stück bleibt, weil ich auf dem Kinderspielplatz neben dem Biergarten vorschlage, dass wir auf das Gerüst der Rutsche klettern. »Für den Ausblick«, sage ich und denke: »Weil das romantisch ist.«

»Jeder hat noch eine Frage, okay?«, verkünden die Husky-Augen, als wir unsere Beine vom Gerüst hängen lassen und in die Nacht schauen.

»Okay«, sage ich leise. »Welche Superheldenfähigkeit hättest du gerne?«

»Unsichtbar sein«, grinst er, während sich unsere Schultern berühren.

»Warum unsichtbar sein?«

»Das sage ich dir nur, wenn du die Frage auch noch beantwortest«, fährt er mit seiner Hand über meine Schulter.

»Okay«, grinse ich.

»Ich glaube, ich würde manchmal einfach gerne aus Situationen verschwinden. Und Konflikten. Mit denen umzugehen, da bin ich nicht so gut drin. Welche Superheldenfähigkeit hättest du gern?«

»Ich würde gerne fliegen können. Nur den Wind richtig spüren und sonst ganz viel Leichtigkeit«, sage ich und lege meinen Kopf auf seine Schulter.

»Fliegen wäre sehr cool«, nickt er, bevor er seine letzte Frage stellt: »Welchen Traum hast du schon aufgegeben?«

»Das ist einfach«, lache ich und richte meinen Kopf wieder auf, weil ich mir nicht sicher bin, ob das Kopfauflegen nicht gerade ein bisschen zu viel für ihn war. »Ich wollte früher immer der Star in einem Disneyfilm sein. So einem, wo gesungen wird. Aber ich glaube, der Zug einer Gesangskarriere ist mittlerweile echt abgefahren.«

Jetzt legt er seinen Kopf auf meiner Schulter ab. »Und warum wolltest du gerade in einem Disneyfilm singen?«

»Ich mochte die Geschichten einfach immer schon besonders gerne. In jedem der Filme geht es schließlich um eine Person, die am Anfang ein Außenseiter ist, im Laufe der Story aber aus ihren vermeintlichen Schwächen Stärke zieht. Da konnte ich mich gut einfühlen.«

»Gab es ein Lied, das du dabei am häufigsten gesungen hast?«

»Nicht wirklich. Wobei – als ich gemerkt habe, dass ich schwul bin, habe ich ganz oft dieses eine Lied aus *Mulan* gesungen, wenn ich alleine in meinem Zimmer war. Das singt sie im Tempel der Ahnen ihrer Familie.«

»Singst du mir einen Teil davon vor?«, flüstert er jetzt von der Schulter aus. »Bitte?«

»Okay«, sage ich und trinke den Rest meines Bieres auf ex. »Aber du darfst nicht lachen, okay? Es ist nämlich sehr, sehr kitschig.«

»Nein, ich lache nicht.«

»Okay.« Ich schlucke, räuspere mich und beginne zaghaft.

Was macht es mir so schwer?
Ich erkenn mich nicht mehr.
Wer ist diese fremde Frau im Spiegel drin?
Wann seh ich's endlich ein?
Ich kann nicht anders sein.
Wann zeigt mir mein Spiegelbild, wer ich wirklich bin?
Wann zeigt mir mein Spiegelbild, wer ich wirklich bin?

Ich singe die letzte Zeile, da nimmt er seinen Kopf von meiner Schulter, dreht sich mit dem Oberkörper zu mir, schaut mich mit den eisblauen Augen an, nimmt mein Gesicht in seine Hände und küsst mich. Erst küssen wir uns so zaghaft und sanft, wie ich die erste Zeile gesungen habe, dann immer stärker. Wieder und wieder. Bis er seine linke Gesichtshälfte an meine rechte drückt.

»Das war sehr schön«, flüstert er in mein Ohr. Ich umgreife seinen Oberkörper und merke, dass er bis in die Beine zittert.

»Du zitterst ja«, sage ich und merke, wie seine Wange, die an meiner liegt, wärmer wird.

»Das war einfach so sehr schön. Und das gerade ist es auch«, sagt er, jetzt ist auch seine Stimme ein bisschen zittrig.

Wir bleiben noch eine ganze Weile so fest ineinander verschlungen, schauen gemeinsam in die Nacht, ohne weiterzusprechen. So lange, bis es wirklich zu kühl wird.

»Ich bringe dich mal nach Hause, okay?«, sagt er dann und stellt sich auf das Gerüst.

»Okay«, sage ich, richte mich ebenso auf und nehme die ersten Stufen der Leiter. Bei den letzten vier Stufen setze ich zum Sprung an.

»Krass«, denke ich, als ich im Sandbett lande. Das ist ja fast wie Fliegen.

#10 Würde er meinen Nachnamen annehmen?

»Darauf habe ich schon den ganzen Tag gewartet«, sagt er. Seine Hände fahren über meine Schulterblätter, er schaut in meine Augen, schließt seine, ich schließe meine, und wir küssen uns. Mein Herz schlägt schneller und rast irgendwann so stark, dass mein Körper vom Brustkorb bis zur Kehle vibriert und ich während des Kusses kaum noch Luft bekomme. Achtsam nehme ich daher sein Gesicht in meine Hände, ziehe seine Lippen von meinen und atme ein.

»Ich auch«, sage ich beim Ausatmen und meine es. Das Gefühl, das ich habe, wenn er neben mir liegt, wenn ich in seine eisblauen Augen schaue und er mich küsst, ist schlichtweg unglaublich. Es ist ein Gefühl, das unbeschwert ist und fast irre leicht. Als würde man auf einem riesigen Trampolin springen, mit jedem Sprung ein bisschen höher, bis man so hoch springt, dass es die Füße schon gar nicht mehr merken, wenn sie zwischendrin die Matte berühren und man nur noch die Luft zwischen den Zehen spürt. Genau so muss sich das Pärchen aus meiner Parallelklasse im Gymnasium gefühlt haben, das ich mal beobachtete, als sie sich nach dem getrennten Sportunterricht endlich im Gang wiedertrafen, sich umarmten und so innig küssten, als hätten sie sich nicht 90 Minuten, sondern ein Jahr nicht mehr in den Armen gelegen: einfach wie 16.

»Halt, stopp!«, rufe ich plötzlich wie gelernt in meine Gedankengänge. »Mach mal langsam, Jules«, hallt es nach. Kein Wunder, diesen Satz habe ich in den letzten Monaten schließlich so unheimlich oft als Rat von Freundinnen mitbekommen, dass ich ihn vielleicht gerade sogar verinnerliche. Wobei – das letzte Mal, dass er gefallen ist, war erst gestern in einem Telefonat mit Pia.

»Ich weiß, es ist gerade richtig schön mit ihm«, sagte sie da, nachdem ich ihr über gute zwei Stunden bis ins letzte Detail erklärte, warum die Husky-Augen so wunderbar sind. »Aber pass trotzdem erst mal auf und spring nicht direkt in den Hochzeitsmodus. Auf dein Pinterest-Board mit den weißen Rosen und der Location an der Spree und »The Way You Look Tonight«. Zu Bridget Jones und Mark Darcy. Oder in deine Walt-Disney-Welt, in der du von Vögeln angezogen und von Mäusen besungen wirst. Ihr lernt euch erst mal noch besser kennen, du checkst dabei immer mal wieder, ob er dir guttut, und du achtest vor allem darauf, dass du die roten Warnblinker diesmal noch erkennen kannst, wenn sie aufleuchten.«

»Ja, Pia«, entgegnete ich ihr am Ende trotzig, dabei weiß ich, dass sie das nur gesagt hat, weil sie mich so gut kennt und mich ein Stück vor mir selbst beschützen will. Ich verrenne mich schließlich irrsinnig gerne in Männer und unsere Beziehungen und springe und springe, auch wenn um das Trampolin kein Sicherheitsnetz gespannt ist. Eigentlich mag ich diese Eigenschaft, dass ich in der Liebe trotz meiner Erfahrungen noch nicht abgestumpft bin, dass ich meine Gedanken fliegen lasse. Dennoch weiß ich auch, dass ich wenigstens den Zeitpunkt abwarten sollte, an dem man Hand in Hand und gemeinsam ins Unbekannte springt.

Als ich mit dem tollen Neuen nach weiteren tollen Küssen eine Stunde später an der Rewe-Kasse stehe, helfen der gute Vorsatz, den ich gerade gefasst habe, und Pias Stimme im Hinterkopf trotzdem wenig.

»Ich übernehme das«, sagt er mit den bärtigen Lippen, schiebt seine EC-Karte ins Gerät, und während ich die Einkäufe für unser gemeinsames Abendessen in meinen schwarzen Rucksack packe, betrachte ich seine Hand, wie sie sich über die Quittung zieht und schwungvoll mit vollem Namen unterschreibt.

»Wie meine Unterschrift wohl aussehen würde, wenn ich seinen Nachnamen annehme?«, hüpft es mir wieder in die Gedanken. »Hmm …«, pausiere ich für eine Sekunde enttäuscht, denn irgendwie klingt die Kombination aus meinem Vor- und seinem Nachnamen gar nicht so schwungvoll, wie ich mir das gedacht habe. »Vielleicht sollte er lieber meinen Nachnamen nehmen, wenn wir heiraten«, entschließe ich daher. Oder besser: Wir könnten einen Doppelnamen draus machen. Wobei, nee,

Doppelnamen mag ich bei anderen Ehepaaren auch nicht. Das ist so gewollt unabhängig. So »Wir sind beide erfolgreiche Individuen, die weiterhin ihre eigenen Leben, Karrieren und Wohnungen haben«. Wir nehmen meinen Nachnamen. Sein Vorname klingt sehr gut mit »Kraft«. Ob er meinen Nachnamen annehmen würde? Ach, was sage ich da – ich nehme seinen Namen an. Wenn er die Rechnung für unser Dinner übernimmt, kann ich auch seinen Familiennamen übernehmen. Deal? Deal!

Auch als ich am darauffolgenden Montag im Büro sitze, ist der blauäugige Träumer in mir weiter aktiv. Die Husky-Augen und ich sehen uns erst am kommenden Wochenende wieder, weil er für eine Schulung unterwegs ist, das lässt viel Raum für gedankliche Höhenflüge und Zukunftsszenarien.

»Wie wäre es eigentlich, wenn ich einen gemeinsamen Kurzurlaub für uns plane?«, begeben sich meine Gedanken also wieder auf Reisen. Sardinien könnte schön sein. Oder Griechenland. Kos wäre ein schönes Ziel. Hauptsache irgendwo, wo es Meer gibt und er surfen oder schnorcheln oder irgendeiner anderen Wassersportart nachgehen kann und ich lesen und ihm dabei zusehen kann wie er *Daniel Craig in Casino Royal*-mäßig in Zeitlupe aus dem Wasser steigt und seinen Kopf trockenschüttelt, während ich die Bauchmuskeln unter seinem Neoprenanzug zähle. Wobei, vielleicht ist das doch ein bisschen viel für den Anfang. Vielleicht sollten wir es erst mal einfacher angehen. Wir könnten für einen Tagesausflug zum Saurierpark bei Dresden fahren. Da wollte ich schon länger hin, und *In einem Land vor unserer Zeit* ist einer seiner Lieblingszeichentrickfilme. »Ach nee«, korrigiere ich mich wieder. Das ist ihm bestimmt zu langweilig. Littlefoot und Cera besuchen wir, wenn wir Senioren sind. Jetzt lieber ein sexy Wochenende in einem abgelegenen Haus in der Natur. Nur wir zwei, mit Kaminfeuer, den ganzen Tag in Boxershorts und Lionel Richie auf Repeat. Ja, ein langes Wochenende in einer Ferienwohnung irgendwo in Dänemark wäre jetzt perfekt. Ob ich ihm ein Holzfällerhemd bestellen soll, das ich mit der Buchungsbestätigung für unsere Hütte in Smøl zusammen in ein Überraschungspaket stecke?

»Langsam!«, unterbreche ich mich wieder, weil ich daran denken muss, was mir eine ehemalige Studienkollegin mal erzählt hat. Nach einem Monat Dating bestellte sie online neue Kleider, die konservativer waren als ihre Alltagsklamotten. Hellblaue Blusen und viel mit Schleifen, weil sie sich vorstellte, dass sie damit einen guten Eindruck bei den Münchner Eltern ihres neuen Partners hinterlassen würde. Den Namen der potenziellen Schwiegereltern kannte sie zwar noch nicht, aber das war ja nur das letzte Teil des Puzzles, das sich schon bald finden würde. Damals habe ich nur müde gelächelt, als sie mir davon erzählte, und mit ihr später zusammen geweint, als es ein paar Wochen später vorbei war. Die Schleifen schauen sie heute trotzdem noch traurig aus der letzten Ecke ihres Kleiderschrankes an, wenn sie die Türen öffnet. Langsam also. Lieber langsam.

»Weißt du schon, was du zum Lunch isst?«, unterbricht mich meine Kollegin Anna, während ich mich endlich wieder auf den Artikel konzentriere, der schon seit einer Stunde fertig sein sollte. »Wollen wir uns bei Alnatura einen Salat holen?«

Ich schaue auf und antworte wie aus der Pistole geschossen, bevor sich mein Pizzahunger durchsetzen kann: »Ja!« Im Schatten des Kaminfeuers soll meine Silhouette schließlich gut aussehen.

Das Wochenende darauf starren mich wieder zwei eisblaue Augen an, und seine Lippen liegen auf meinen, während wir auf meiner Couch liegen und *Bridget Jones* schauen. Wenn ich mir schon nicht vorstellen darf, wie wir gemeinsam vor dem Traualtar oder in einem Standesamt in Pankow stehen, möchte ich wenigstens Bridget und Mark dabei zusehen, wie sie sich das Ja-Wort geben.

»Das ist so schön«, sage ich dabei, als die Zeremonie endlich stattfindet. Dann rutscht es mir raus: »Willst du eigentlich irgendwann heiraten?«

Die Husky-Augen schauen auf. »Nein, nicht wirklich«, sagt er. »Nein«, wiederholt er. »NEIN«, schallt es wie in einer Tropfsteinhöhle aus jeder Ecke meines Gehörganges nach. Und noch im selben Augenblick beginnen meine Gedanken wieder zu rennen. Diesmal aber in eine andere Richtung, eine, die weniger mit Romcoms, Pinterest und Urlaubsplanung zu tun hat und viel mehr mit der dunklen Seite. Sie rennen zu einem Streit. Zu einem »Warum willst du dich nicht auf mich einlassen?« von meiner Seite. Zur Frage nach einer offenen Beziehung von seiner. Dazu, dass er »Du machst dir zu viele Gedanken« sagt. Dazu, dass er sagt: »Du bist so kompliziert, Julius, das macht mich fertig« und zum Vorschlag »Ich solle cooler sein«. Cool sein – das ist sowieso eine Qualität, die Männer besorgniserregend stark schätzen, aber eine, die ich nun wirklich nicht besitze.

»Das wird der Grund sein, warum wir uns trennen«, denke ich. Meine nicht vorhandene Coolness. Ich bin mir sicher.

Während mein Kopfkino am Ende des Films auch am Ende unserer Beziehung angekommen ist, beugt sich der Neue entspannt über mich, sein Mund wandert mit sanften Küssen wie eine Raupe von meinem Kinn nach unten. Als die Spur am Ausschnitt meines T-Shirts aufhört, schaut er wieder zu mir.

»Und, was machen wir jetzt?«

»Warum willst du nicht heiraten?«, brennt mir auf der Zunge. »Kannst du dir das gar nicht vorstellen oder nur gerade nicht?«, will ich fragen. »Wie wär's mit Asiatisch?«, sage ich stattdessen.

»Darauf kann ich mich einlassen«, flüstert er, nimmt mein Gesicht in beide Hände und küsst mich.

»Okay«, sage ich und springe wieder 10 Meter.

»Cool.«

#11 Bin ich mutig, weil ich Tinder lösche?

»Und dann?«, will Pia wissen, als wir uns im Außenbereich des Standard, unserem Lieblingsitaliener in Mitte, eine Pizza teilen.

»Dann habe ich ihm gesagt, dass ich Tinder gelöscht habe. Und er hat gesagt, dass er das auch macht. Und jetzt – na ja, jetzt warte ich, bis er aus dem Urlaub zurückkommt, und dann schauen wir über den verbleibenden Sommer, was aus der Sache mit uns wird«, antworte ich und trinke einen Schluck Chardonnay, während Pia kritisch durch den Glasboden in meinen Blick schaut.

»Du hast Tinder gelöscht?«, wiederholt sie langsam.

»Genau.« Ich puste Zigarettenqualm in die Julinacht.

»Also, er ist jetzt die ersten zwei Wochen seiner Semesterferien weg, dann verbringt ihr ein paar Tage zusammen, und danach ist er wieder zwei Wochen unterwegs?«, rekapituliert sie meine Aussage wie bei einem Verhör. »Und du hast Tinder gelöscht?«

»Ja«, antworte ich, während die Angst in mir wächst, dass mir gerade ein Mord angehängt wird.

»Und in der Zeit dazwischen wartest du einfach? Ohne mit anderen Männern zu schreiben oder sie zu treffen?«

»Ja, ich warte, und nein, ich schreibe mit keinem anderen Mann.«

»Ach, Julius…«, schüttelt Pia den Kopf, faltet ein Stück der Margarita in ihrem Mund zusammen und spült es mit einem Schluck Wein runter.

»Was?«

»Ich weiß ja, dass dir Toni und die anderen deiner Romantiker-Freunde etwas anderes sagen werden, aber ich würde das an deiner Stelle nicht machen«, sagt sie schließlich, wischt sich das Mozzarellafett von den roten Lippen und checkt ihr Blackberry.

Dass sich Pia mit dem Gedanken schwertut, sich im Dating auf einen Mann zu beschränken und einem möglichen »Wir« Raum zu geben, wusste ich bereits. Ich habe ihr Datingverhalten schließlich über die letzten Jahre live miterlebt. Pia ist schlagfertig, unheimlich extrovertiert, ihren Freunden bis zum bitteren Ende treu, eine, die sich beim Untergang der Titanic ins Streichquartett einreihen würde, um anderen Frauen und Kindern den Vortritt zu lassen und, seit ich sie kenne, keine, die sich gerne festlegt. Sie schreibt durchgängig mit mehreren Männern, die gleichzeitig die Top 10 ihrer aktuellsten Nachrichten bevölkern, und das eben auch, wenn sich ihr Herz eigentlich gerade für einen Kerl besonders öffnet. Drei dieser Männer kenne ich dabei ziemlich gut, weil sie schon länger zu Pias Leben gehören als ich. Da gibt es den einen, mit dem sie vor sechs Jahren bei einer Clubnacht im Kater geknutscht hat und seitdem immer mal wieder an Freitagabenden knutscht, an denen sie sonst nichts zu tun hat, den Blonden aus ihrer Abizeit, auf dessen rasierter Brust sie auch heute noch gerne einschläft, und ihre allererste Beziehung, die ihr immer mal wieder ein Penisbild aus seinem Badezimmer schickt. Der Rest ist Dunkelziffer. Einen Kontaktabbruch von ihrer Seite gab es in den fünf Jahren, die wir uns jetzt kennen, wahrscheinlich nur bei den richtigen Arschlöchern, denen, die ihr dann doch das Herz gebrochen haben, wo sie doch so gut darauf aufpasst. Obwohl das nie mein Weg war, die Suche nach der großen Liebe anzugehen, kann ich ihr Verhalten gut nachfühlen, weil es ein verständliches Ziel für Singles in Großstädten und wahrscheinlich generell verfolgt: am Ende nie, nie, nie alleine zu sein.

Als wir uns nach Pizza und Chardonnay verabschieden, flüstert mir Pia weinselig ins Ohr: »Was weiß ich schon, Jules? Bestimmt bist du einer von den Mutigen.«

»Einer von den Mutigen …«, wiederhole ich in meinen Gedanken immer und immer wieder, als ich meine Kopfhörer in die Ohren stecke und mich auf den Nachhauseweg begebe. Das Wort will nicht so recht passen. Klar, ich weiß, wie schwierig es ist, jemanden kennenzulernen, auf den man sich einlassen kann, jemanden, dem man vertraut. Ja, es ist schwer, weiterhin an das Gute zu glauben. Aber müssen wir deswegen so ängstlich sein und uns alle Optionen offen lassen? Bin ich mutig, weil ich Tinder lösche?

Am Wochenende darauf schwirrt die Frage immer noch in meinem Kopf herum, als mich meine Freundin Paula in Berlin besucht, die ich noch aus Gymnasiumzeiten kenne. Weil es ein extrasonniger Sonntag ist, verbringen wir den Tag mit der besten Aktivität überhaupt: Day-Drinking.

»Und, wie läuft es bei dir und den Jungs?«, frage ich Paula nach einem langen Catch-up über ihren Job in Erlangen, während wir auf den weißen Bierbänken des Rosengartens beim dritten Aperol Spritz angekommen sind.

»Aktuell läuft es …«, beginnt sie ihre Erzählungen, bevor sie zu einem »Aber« ausholt und ihr letztes Jahr der Suche resümiert. Vor allem bei einem Mann, den sie heute nur noch mit Berufsstand betitelt, schaltet ihre Platte dabei auf 50 % der Erzählgeschwindigkeit. Es geht um den Polizisten. Sie lernte den Polizisten über Lovoo kennen, eine dieser Apps, die in Berlin super unpopulär ist, in kleineren Städten aber anscheinend richtig gut läuft. Paula und der Polizist waren sich bei Lovoo direkt sympathisch, und so schrieben sie ausgiebig. Auf die Frage, was der andere jeweils auf der App suche, kamen sie beim gemeinsamen »Alles kann, nichts muss« an, was eine Floskel ist, die ich in meinem Kreis heute gefühlt häufiger höre als »Ist das nachhaltig?« und »Ich habe da so ein neues Projekt am Start« zusammen. Später trafen sie sich, hatten weitere gute Gespräche und teilten schöne Küsse, alles mit dieser »lockeren Einstellung«, das unterstreicht Paula. Trotzdem schrieb sie mit keinem anderen Mann mehr, sie wollte sich einlassen, offen und für das »Alles kann« bereit sein, auch wenn nichts musste. Nach dem vierten Date schrieb der Polizist dann eine kryptische Nachricht. Er hätte im Moment viel zu tun, eine Menge um die Ohren. Er würde eh bald in eine andere Stadt versetzt werden. Und einen Tag später war sein Profilbild aus dem gemeinsamen Chat verschwunden. »Der hat mich einfach geghostet«, sagt Paula in unserem Gespräch. »Wir haben geschrieben, geküsst, hatten Sex – und dann war er weg. So weg, als wäre er nie da gewesen.«

Als ich mit meinem Strohhalm nur noch Luft durch die Eiswürfel ziehe, sind wir in Paulas aktuellem Datingleben angekommen.

»Und wie ist das jetzt mit dem Neuen?«, frage ich.

»Das ist gut, wir daten uns mittlerweile schon seit ein paar Wochen. Aber ich schreibe auch noch mit diesem anderen Typen aus Oberfranken, der auch cool ist«, sagt sie, und während sie einen Anruf ihrer Mutter entgegennimmt, frage ich mich, ob wir a) alle einfach schon zu viele Männer gedatet haben, die nicht die Richtigen waren und uns schlecht behandelt haben, sodass wir uns anpassen und auch mehrere Personen jonglieren müssen, wir b) ein ausgewachsenes Aperol-Problem haben oder c) mein Löschvorgang doch etwas mutig war.

»Alles drei!«, beschließe ich und werde zum ersten

Mal nervös, weil sich die Husky-Augen, die der Auslöser für mein monogames Datingverhalten sind, aus ihrem Urlaub im Gebirge über die letzten Tage nicht gemeldet haben. Und mich beschleicht das Gefühl, dass ein bisschen Angst und mein neues Abzeichen, das der Mutigen, doch gerechtfertigt sind.

Mit der wachsenden Angst vor dem Wieder-alleine-Sein, einem leichten Kater, der mir in den Knochen steckt, und der Ghosting-Geschichte mit dem Polizisten im Hinterkopf trage ich das Abzeichen am Montag darauf, auf dem Fußweg zur Redaktion, plötzlich ziemlich stolz mit mir herum. Meine Attitüde ist die eines Kriegers, der ohne Schild und Schwert schutzlos in den Kampf zieht. Über die gesamte Veteranenstraße genieße ich dieses Gefühl und nenne es fast Stärke. Bis die Husky-Augen auf meinem Smartphone erscheinen.

»Die Verbindung hier ist ein Desaster«, steht auf dem Bildschirm. »Aber heute sind wir endlich in einem Hostel mit WLAN angekommen«, steht da. »Wie geht es dir denn, Julius?« und »Ich denke sehr viel an dich«. Und mit jedem Satz, den ich lese, verschwindet der Mut, der mir zugesprochen wurde und den ich schneller angenommen habe als gedacht, und wird durch ein verschossenes Grinsen ersetzt, das sich zwischen meine Wangen quetscht. Ich werde schwach. Als ich in die Bergstraße einbiege, ist mein Schritt wieder leicht, und meine Gedanken liegen wieder unbeschwert auf seinem Brusthaar.

»Mit mutig sein hat das bei ihm nicht viel zu tun«, denke ich. Mit ihm geht es wirklich auch ohne Tinder.

#12 Spielst du nur oder kommunizierst du so?

»Fass doch bitte noch mal für mich in einem kurzen Recap zusammen, was der aktuelle Stand bei den Husky-Augen und dir ist«, sagt Alisha, als wir auf der Terrasse meiner Eltern zusammensitzen. Der letzte Besuch in Aschaffenburg war wirklich wichtig. Seitdem zieht es mich schließlich wieder mehr in die Heimat zurück. Auch weil Alisha hier ist.

»Also«, atme ich langsam ein, um Luft für ein schnelles »Was bisher geschah« zu holen. »Seit zwei Monaten date ich die Husky-Augen jetzt. Und sie gefallen mir wirklich sehr, und ich habe den Typen, dem sie gehören, unheimlich gerne. Er ist schlau und groß und bodenständig und sportlich und lässig und sowieso«, starte ich. »Aber die Kommunikation mit ihm, die ist über diesen Monat, den er auf Reisen ist, echt schwierig. Natürlich nicht an den Tagen, an denen wir uns zwischen den einzelnen Trips gesehen haben, sondern eben in der Zeit, in der wir nur digital kommunizieren können.«

»Warum ist die schwierig? Schreibt ihr nicht?«

»Doch, wir schreiben schon, aber eben sehr wenig. Beziehungsweise …«, korrigiere ich mich selbst. »Er antwortet spärlich. Entweder macht er das superfrüh morgens oder sehr spät abends, was ich ja noch verstehen kann, weil er tagsüber irgendwo in Nepal auf Berge kraxelt, aber dann meldet er sich ohne Vorwarnung auch mal für ein paar Tage am Stück nicht.«

»Und du könntest ihm wahrscheinlich alle fünf Minuten schreiben?«

»Klar! Wenn ich jemanden richtig gut finde, dann kann ich fast durchgängig schreiben, weil ich ja dauernd an ihn denke.«

»Okay, das nervt«, atmet Alisha jetzt durch.

»Halt auch, weil es noch so früh ist in unserer Beziehung und wir durch seinen Urlaubsmonat bisher nur so wenig Zeit hatten, in der wir wirklich zusammen sein konnten und schlechte Horrorfilme schauen, Pizza aus Versehen im Ofen verbrennen lassen und einen ganzen Sonntag in der Kuhle bleiben konnten«, ergänze ich. »Da kann ich ihn noch nicht wirklich einschätzen und weiß nicht, warum er mir nicht vorher Bescheid gibt, wenn er für mehrere Tage nicht mehr schreiben kann. Ob er noch diese schrecklichen Regeln aus Männermagazinen befolgt, die einem sagen, dass man sich interessant macht, wenn man den Kontakt unregelmäßig hält, ob er, und das wäre noch schlimmer, das Katz-und-Maus-Spiel für sich als Ego-Push braucht oder die Verbindung wirklich ein Desaster ist.«

Weil Alisha merkt, dass ich mich gerade in Rage rede

und kurz davor bin, einen Hassartikel über Männermagazine und Pick-up-Artists zu schreiben, streckt sie ihr Glas zum Anstoßen in meine Richtung.

»Dann erst mal auf uns beide! Und darauf, dass ich dich endlich wieder mehr in meinem Leben habe«, sagt sie ruhig und schaut mich schmunzelnd an.

»Darauf, dass ich dich habe!«

Alisha versteht mich, das weiß ich. Wenn es um Kommunikation geht, schwingen wir schließlich schon immer auf derselben Frequenz: HOCH. Wir beide reden gerne viel und am liebsten in einer Geschwindigkeit, die für Außenstehende manchmal befremdlich ist, weil man das sonst so nur von den *Gilmore Girls* kennt. Mit Begeisterung erzählen wir Geschichten bis ins letzte Detail und reizen Witze aus, bis die nicht mehr lustig sind. Wir beide brauchen dafür gute Sparringspartner, die die verbalen Schläge ordentlich kontern können. Ihren Sparringspartner hat Alisha vor einem Jahr in ihrem Freund gefunden, und irgendwie scheint sie zwei Gläser später das Gefühl zu haben, das auch beweisen zu müssen. Während ich auf das unendliche schwarze Nichts meines iPhone-Sperrbildschirms starre, liest sie also die letzten Nachrichten ihres Mannes vor. Für die nächsten drei Tage Dockville-Festival wäre alles vorbereitet, sagt sie. Sein Smartphone sei voll aufgeladen, und zwei Ersatzakkus befänden sich für den Notfall auch in seinem Carhartt-Backpack, schreibt er. Obendrauf gibt es überbelichtete Bilder, verwackelte Konzertvideos und betrunkene Anrufe als Kommunikationsversprechen.

»Ach, Mann!«, denke ich und möchte mich vor lauter Zuckerguss am liebsten übergeben. Stattdessen frage ich Alisha, wie ihr Studium läuft, und als sie von ihren ersten Semestern erzählt, merke ich, dass es gar nicht der Zuckerguss ist, der mich stört. Vielmehr bin ich neidisch auf die gewollte Abhängigkeit, die sie als Pärchen genießen. Sie wollen sich beim anderen melden, selbst wenn es um den größten Mist geht. Um Mitternacht schaue ich Alisha daher etwas ratlos an.

»Denkst du, das wird besser?«, frage ich beim Verabschieden an der Eingangstür.

»Ich könnte mir gut vorstellen, dass ihr einfach unterschiedliche Typen seid, wenn es um die Kommunikation geht. Du schreibst gern und brauchst das. Er macht und braucht es weniger. Ob man da etwas aufeinander zugeht, das liegt an euch.«

Mit Alishas Worten im Ohr und einem Interview auf YouTube mit Robert Pattinson in Stephen Colberts Late-Night-Show im Blick halten mich in dieser Nacht später zwei Fragen vom Einschlafen ab: 1. Warum bringt eigentlich niemand männlichen Stars bei, dass sie ihr Sakko aufknöpfen müssen, bevor sie sich auf die TV-Couches setzen? Dafür sollte es doch wirklich ein Media-Training geben! 2. Spielst du nur oder kommunizierst du so?

Vier Tage später sitze ich wieder im Zug von Aschaffenburg nach Berlin. Aus meinem Genervtsein ist über die letzten Tage Unsicherheit geworden, denn unsere Kommunikation hat sich weiter minimalisiert. Sein Datenvolumen ist aufgebraucht, und so schreiben wir jetzt nur noch SMS wie zu Zeiten vom Nokia 3310. Das kann eigentlich einen gewissen Charme haben, aber seine Nachrichten haben immer einen »Hey, Julius«-Anfang und ein »Ich geh jetzt schlafen. Gute Nacht!«-Ende. Es sind Nachrichten, die man eher von Leuten aus der Generation unserer Eltern bekommt, die Brieffloskeln auch im digitalen Zeitalter nicht ablegen können. Nachrichten, auf die man nur in ihrer Gesamtheit eingehen kann und die so gar keinen flüssigen Austausch zulassen. Und genau diese Art der Kommunikation bombt noch während der Fahrt eine ganze Reihe an Zweifeln los, die wie eine Lawine aus Vielleichts jetzt auf meinen Fensterplatz über mich hereinbricht. »Vielleicht ist er einfach weniger interessiert als ich«, zweifle ich. Vielleicht denkt er nicht an mich. Vielleicht kann er ganz ohne ein Uns. Vielleicht verrenne ich mich wieder. Verrenne ich mich wieder? Vielleicht! Vielleicht?

»Du hast doch bestimmt schon auf der Vodafone-Seite nachgeschaut, wie du ihm neues Datenvolumen schenken kannst, oder?«, fragt Toni grinsend, als ich ihr am Tag darauf im Restaurant Dudu von meinem Dilemma erzähle.

»Ganz so schlimm ist es nicht«, lache ich. »Na ja, fast.«

»Aber Toni …«, frage ich sie schließlich. »Warum erwarte ich eigentlich das Schlimmste? Warum sehe ich nicht, dass er ja mit mir plant und dass er mich sehen möchte. Warum fokussiere ich mich nur auf das, was fehlt?«

»Na, wegen der Streuner. Die haben dich verunsichert«, sagt sie abgeklärt, und für eine Sekunde verstehe ich gar nicht, was sie meint, bis es mir in den Kopf schießt. Mit den Streunern meint sie meine Exfreunde. »Da zog sich bisher schon ein roter Faden durch, der nicht so gesund war.«

»Das habe ich noch gar nicht so gesehen, aber das stimmt wahrscheinlich«, antworte ich und neige meinen Kopf zur Seite. Da gibt es schließlich wirklich einen roten Faden. Die Männer, die ich in der Vergangenheit gefunden habe, oder die mich gefunden haben, musste ich irgendwie immer ein Stück weit aufpäppeln. Das waren Männer, die unglücklich in ihrem Job waren oder bei ihrer Familie noch nicht geoutet. Männer, die nicht wussten, wie man Kleidungsstücke richtig kombiniert, und weniger noch, wer sie überhaupt sind. Und ich habe gerne mit ihnen gemeinsam herausgefunden, was und wer sie alles sein könnten. Ich habe das gerne gemacht, und auf eine toxische Art und Weise war ich ihnen dafür dankbar, dass sie mit mir zusammen waren. Die Streuner wussten schließlich nicht, wie gut sie aussahen und wie cool sie waren. Sie haben sich gefreut, wenn ich ihnen neue Dinge gezeigt habe und gesagt habe, wie viel sie mir bedeuten, und so waren sie gerne bei mir. Bis zu dem Punkt, an dem sie keine Streuner mehr waren, sondern gut vermittelbar. Bis sie mit mir ihre ersten Erfahrungen in Sachen Beziehung gemacht, sie ihren eigenen Wert endlich begriffen haben und wussten, was sie brauchen. Dann habe ich sie zu sehr bemuttert und eingeengt, war zu viel da, habe zu viel geschrieben, und sie waren nicht mehr bereit für diese Abhängigkeit. Dann haben sie sich ein neues Zuhause gesucht, jetzt in der richtigen Jeans für ihren Körperbau und mit einem Partner, der mehr Leine lassen konnte.

»Aber vielleicht brichst du das ›Schema Julius‹ ja diesmal«, rückt Toni meinen Kopf wieder gerade, als eine gigantische Sushi-Platte vor uns gestellt wird.

»Du meinst Schema Julius, lateinisch für einseitig?«

»Ich meine: Vergiss die Vergangenheit mal für einen Moment. Das Wichtigste ist jetzt, dass sich das mit den Husky-Augen für dich gut anfühlt. Und diese Aufmerksamkeit, die du gibst, kannst du auch ruhig für dich einfordern!«

Als ich am Abend alleine auf dem Sofa liege, merke ich, dass mir schwindelig wird und ich Krämpfe in der Bauchregion bekomme. Die letzten Tage schlagen mir auf den Magen.

»Sie hat schon Recht«, denke ich schließlich im Fiebertraum. Ich will diesmal wirklich kein Herrchen auf Zeit sein. Ich will, dass man mein Aufpäppeln mag und mich ebenso aufpäppelt, wenn ich einen schlechten Tag habe und Bauchschmerzen, und ich will, dass er mir schreiben möchte, ohne dass ich ihn darauf hinweisen muss. Gerade reicht noch ein kleiner SMS-Brief, in dem er mir gute Besserung wünscht, aber später – später möchte ich die zwei Ersatzakkus im Carhartt-Backpack.

#13 Daten wir immer wieder dieselben Partner?

»Warum lachst du denn schon wieder?«, fragt er, während er die Decke, die er gerade frisch bezogen hat, zurück auf sein Bett schmeißt.

»Ach, nichts«, sage ich, umfasse seinen Bauch von hinten und drücke ihn so fest an meinen Körper, wie ich nur kann. »Aber an deiner Stelle würde ich gerade besser auf mich aufpassen. Das Ohren fressende Moormonster ist schließlich aus seinem Gehege ausgebrochen. Und du weißt ja, dass es am liebsten besonders kleine Ohren frisst. Und deine sind die kleinsten Ohren der Welt«, flüstere ich in einer komisch verstellten Stimme, bevor ich in sein rechtes Ohrläppchen beiße.

»Du spinnst«, lacht er und dreht sich um. »Und was will das Moormonster jetzt machen?«

»Mehr fressen!«, lache ich zurück, mein Blick wieder aufs Bett gerichtet.

»Ja und was hat dich jetzt so sehr an der Bettwäsche gestört?«, fragt Toni fast aggressiv, als ich ihr am Morgen darauf vom Abend mit den Husky-Augen erzähle.

»Das Muster!«, quieke ich in ihre Ohrmuschel. »Das ist dieses Blockmuster von IKEA, das wie ein Lego-Baukasten-Set aussieht. Das hatten wirklich alle meine Exfreunde bisher.«

Toni lacht.

»Das ist doch verrückt!« Jetzt rufe ich fast. »Schenken denn alle deutschen Mütter ihren Söhnen zum Einzug in die erste eigene Wohnung dieselbe Bettwäsche? Und viel wichtiger: Soll sie dieses Muster dann auf eine verquere Art und Weise an ihr altes Kinderzimmer und die schönen Tage erinnern, an denen alle Mitglieder der Familie noch unter einem Dach waren?«

Toni lacht weiter. »Das ist doch gar nicht schlimm«, pustet sie Luft in den Hörer, als sie sich beruhigt hat. »So Kleinigkeiten wiederholen sich eben. Was bei dir die Bettwäsche ist, ist bei mir der Auflauf.«

»Der Auflauf?«, wiederhole ich fragend.

»Na ja«, holt sie aus. »Jeder Typ, den ich bisher über einen längeren Zeitraum gedatet habe, hat mir, als es ernst wurde, seinen sogenannten Spezialauflauf gemacht und ihn als *das* Gericht schlechthin präsentiert. So einen *Damit bekomme ich dich auf jeden Fall rum*-Auflauf. Das Problem bei der Sache ist nur, dass keiner dieser Aufläufe irgendwie besonders war. Es war ein und derselbe Auflauf. Da gab's Kartoffeln, Möhren und Zucchini, viel zu viel Sahne und ein bisschen Rosmarin fürs Auge. Genau diesen Auflauf habe ich jetzt bestimmt schon zwanzig Mal gegessen.«

»Auch bei deinem Neuen?«

»Auch bei dem wieder.«

»Aber das ist doch verrückt!«, sage ich lachend.

»Na, irgendwie nicht. Man sucht sich halt immer wieder ähnliche Männer aus, und die haben ähnliche Gewohnheiten. Aber Jules, jetzt spring deswegen nicht wieder in den Streunerstrudel zurück. Von wegen gleiche Bettwäsche, gleiche Beziehung und so.«

»Nein. Mach ich nicht. Ich bin ja erst mal froh, dass er wieder aus dem Urlaub zurück ist und wir jetzt wirklich schauen können, ob das passt«, sage ich mit gekreuzten Fingern und steige in die S-Bahn, die mich ins Büro nach Mitte bringt.

Nach der Arbeit treffe ich Henry zum Abendessen am Paul-Lincke-Ufer, und weil ich noch mehr Meinungen einholen will, erzähle ich auch ihm die Story mit der Bettwäsche.

»Und mir sind noch mehr Dinge aufgefallen, die sich mit ihm wiederholen«, sage ich am Ende.

»Und zwar?«, fragt Henry eher widerwillig, weil er weiß, dass ich mich gerade in etwas reinsteigern möchte.

»Sein Lieblingsfilm.«

»Was ist denn mit seinem Lieblingsfilm?«

»Sein Lieblingsfilm ist ein französisches Indie-Drama.«

»Und das ist schlimm, weil ...«

»Weil jeder meiner Exfreunde ein französisches Indie-Drama als Lieblingsfilm hatte. Immer mit so einem gewollt intellektuellen Titel, der als Wandtattoo sicher auch in vielen Terrakottaküchen klebt.«

»C'est la vie«, zuckt Henry mit den Schultern, und ich merke, dass er meine Hysterie nicht verstehen will. Vielleicht, weil er mit seiner neuen Laufpartnerin gerade »so richtig rundum happy« ist, das hat er mir eben noch erzählt. Dabei weiß ich, dass Henry das trotzdem nachfühlen kann. Auch seine Frauen haben schließlich immer wieder identische Eigenschaften. Jede der Frauen, die ich bisher kennenlernen durfte, war klein, blond und ein bisschen schüchtern. Jede von ihnen liebte es zu backen, und immer wieder passierte es Henry, dass die Frauen nach ein paar Dates Duftkerzen und andere kleine Wohnaccessoires in seinem Apartment hinterließen und sie es damit zu ihrer gemeinsamen Wohnung machten, ohne dass jemals vorher darüber gesprochen wurde.

»Die Frage ist doch, warum dir das so wichtig ist?«, unterbricht Henry jetzt meine Fehler-Suchmaschine. »Es ist ja ganz normal, dass das so ist. Der gemeinsame Nenner zwischen all diesen Typen bist schließlich du. Du suchst dir deine Männer nach Schablone Julius aus, genauso wie ich mir Frauen nach der Schablone Henry aussuche. Du wählst die Typen zwar auch für dich, weil du sie spannend findest und aufregend, aber das ist am Ende nur bis zu einem gewissen Grad so. Unterbewusst wählst du sie auch aus, weil sie dir irgendwo vertraut vorkommen und weil vertraut bequem ist. Den Teufel, den man kennt eben. Das Wichtige ist ja, dass sich die Husky-Augen in den großen Dingen, in den Eigenschaften, die dich bei deinen Exfreunden gestört haben und die euch am Ende haben auseinanderbrechen lassen, nicht wiederholen. Dass sie nicht immer Recht behalten und dich nicht runtermachen müssen für ihr Ego. Dass sie dich als die Person sehen, die du bist, und so schätzen.«

»In den großen Dingen müssen sie anders sein!«, sitzt mir Henrys Satz wie eine Lehre von Oprah Winfrey fest im Gehörgang, als ich am darauffolgenden Freitagabend meinen Rucksack für eine Nacht bei den Husky-Augen packe. Erst schmeiße ich meine Klamotten, einen Kulturbeutel und ein Buch rein, das ich ihm zeigen will, dann greife ich zu einem Jeanshemd und einem Paar Socken, das er bei mir gelassen hat. Während ich die einzelnen Socken ineinanderstülpe, fällt mir auf, dass beide große Löcher an ihren Fußsohlen haben. Ich nehme die Socken, laufe in die Küche und schmeiße sie in den Mülleimer.

»Also das ist doch schon krass«, denke ich wieder, denn auch diese Situation ist keine neue für mich. Seit fünf Jahren schmeiße ich in Berlin löchrige Socken meiner Partner weg.

Mit der Bettwäsche zurück im gedanklichen und ohne Socken im wirklichen Gepäck laufe ich zur S-Bahn und exe ein Bier. Ich werde auf einer kleinen Geburtstagsfeier ein paar seiner Freunde zum ersten Mal kennenlernen, bevor ich bei ihm im Bett lande. Da brauche ich etwas flüssigen Mut, der mich die hektischen Flecken auf meinem Gesicht vergessen lässt, die sich wieder mal eingeschlichen haben. Der Abend bei den Freunden ist schön, aber ab einem Punkt benehme ich mich ziemlich schrecklich, weil ich meine Nervosität zu sehr überspielen will. Angetrunken lache ich so über Witze, die keine sind, stelle blöde Fragen und bin so laut, wie mein nüchternes Ich leise ist. Trotzdem stehen die Husky-Augen an meiner Seite, geben mir Küsse in den Nacken und bringen mich nach Hause, ohne dass wir auf dem Heimweg eine Diskussion haben.

»Sorry wegen gestern«, sage ich beim Aufwachen am nächsten Morgen und verstecke mich unter der Lego-Bettwäsche.

»Das ist okay. Ich weiß ja, dass dir das schwerfällt mit neuen Leuten«, sagt er, stützt seinen Kopf in meine Richtung ab und zieht die Bettdecke aus meinem Gesicht, um mich zu küssen. »Du musst meine Freunde einfach noch mal in Ruhe kennenlernen. Denn wenn sie dich so kennenlernen, wie ich dich schon kenne, dann mögen sie dich eh. Und vielleicht bringst du nächstes Mal einfach das Moormonster mit. Das ist auf einer Party bestimmt der Hit«, grinst er und streichelt über meinen Arm.

»Danke«, sage ich in verzerrter Monsterstimme, und im selben Moment sagt etwas in mir: »Das kenne ich noch nicht.« Obwohl ich seit fünf Jahren in der gleichen IKEA-Bettwäsche schlafe und mir zu französischen Filmen Taschentücher unter die Augen drücke, ist es mit ihm in diesem Moment ganz neu – und genau jetzt wird mir klar, was mein Freundeskreis mir die ganze Zeit über schon sagen wollte. Meine Spinnerei ist gerade wahrscheinlich genau das – eine Spinnerei. Und wenn ich mich darauf konzentriere, was wirklich wichtig ist, dann merke ich, dass bei ihm nicht nur das, sondern auch ganz viel anderes neu ist. So kleine Ohren hatte schließlich wirklich noch kein Mann vor ihm. Vor allem keine, die so gut zuhören.

#14 Warum brauche ich das Label »Beziehung« so dringend?

Es ist Samstagabend, und ich sitze mit Henry auf meiner Couch. Zwei Weißweinschorlen und ein voller Aschenbecher stehen auf dem Marmortisch vor uns, und ich betrachte Henrys braune Augen, wie sie von der Helligkeit meines iPhone-Displays immer wieder beim Scrollen angeleuchtet werden, als sie die letzte Konversation zwischen den Husky-Augen und mir lesen, zu der ich jetzt eine zweite Meinung brauche. Einen Abend zuvor habe ich einen dramatischen Abgang von einer WG-Party von Mitstudierenden der Husky-Augen hingelegt. Um 3 Uhr nachts fühlte ich mich auf der Party nicht mehr wohl und wollte nur noch nach Hause, da schrie mein ziemlich betrunkenes Herz auf und wollte etwas von ihm hören. Etwas wie »Bleib doch für mich noch ein bisschen, dann gehen wir später zusammen!« oder »Klar, ich komme mit dir, wenn du dich unwohl fühlst« oder »Ich bin in Julius verknallt, und die ganze Tanzfläche soll heute wissen, dass wir ein Paar sind und jetzt als solches gehen und wilden Sex haben. Ciao, ihr Langweiler!« Letzteres wäre mir natürlich am liebsten gewesen, auch wenn mir jetzt, wieder nüchtern, klar ist, dass eine WG-Party nicht der ideale Ort für solche Bekenntnisse und große Gesten ist. Am Ende fiel jedoch kein einziger der Sätze, die Husky-Augen wollten nicht mit mir gehen, sondern bleiben, und so rauschte ich irgendwann einfach gekränkt ab. Sofern man meinen wankenden Gang als rauschend bezeichnen konnte.

Die Husky-Augen und ich befinden uns gerade – oder vielleicht schon seit dem ersten Date? – auf zwei unterschiedlichen Spuren der Autobahn, die zu einer gemeinsamen Beziehung führt. Das wurde mir über die letzten Wochen immer mehr bewusst. Ich könnte ihn jede einzelne Minute um mich herum haben, mit ihm ein Jahr lang nur im Bett verbringen und ihm dabei durchgängig ins Ohr flüstern, wie sehr ich mich in ihn verliebt habe und wie glücklich ich bin, dass er gerade neben mir liegt, auch wenn wir bald mal echt das Laken waschen sollten. Emotional befinde ich mich eindeutig auf der Überholspur. Die Husky-Augen wiederum fahren sicher auf der rechten Spur hinter den LKWs. Er will sich in jedem der Schritte Zeit lassen, an Tankstellen den Ölstand checken, ob das alles okay ist, und ist nicht bereit dafür, nach fünf gemeinsamen Monaten zu sagen, dass wir zusammen sind, und die Aussicht darauf kann er mir auch nicht geben. Wenn es um Gefühle geht, bin ich ein offenes Buch, während er ein fest verschlossener Tresor ist. In mir wütet ein Sturm, und er hat keinen Drang. Genau diese Diskrepanz ist es auch, die in letzter Zeit, wie auf der WG-Party gestern, immer wieder die schlimmste Version von mir ans Tageslicht brachte. Eine, die so von Selbstzweifeln und Fragen an unsere Fast-Beziehung geplagt ist, dass sie kaum noch geradeaus denken kann, geschweige denn gehen.

Jetzt liest Henry unsere Wiedergutmachung und nimmt einen Schluck, bevor er zur Antwort ansetzt.

»Das ist doch ganz gut, wie ihr aus dem Streit der letzten Nacht rausgegangen seid«, sagt er und gibt mir mein iPhone zurück. »Er ist gut mit dem Drama umgegangen und hat es nicht eskalieren lassen.«

»Ja schon, oder? Ich glaube, ich antworte ihm darauf mal ausnahmsweise mit dem Smiley, der das Herz zu ihm küsst«, sage ich erleichtert.

»Ausnahmsweise?«, schaut mich Henry mit hochgezogenen Augenbrauen an.

»Na, das ist schon viel für uns. Eigentlich schicken wir uns den Kuss-Smiley ohne Herz.«

»Weil das Herz für ihn zu sehr nach Beziehung und Hochzeit und weißen Rosenbouquets aussieht?«

»Ja.«

Eine Stunde später gesellt sich Toni am Paul-Lincke-Ufer zu unserer Zweierrunde. Beim Tempranillo will sie mir eine neue Perspektive schaffen.

»Julius«, startet sie dabei bedeutungsschwer. »Warum brauchst du denn eigentlich dieses Label so dringend?

Die Beziehung, das Fest-zusammen-Sein? Kann es nicht auch gut für die Beziehung sein, wenn man sie nicht gleich benennt? Dann kippt man vielleicht nicht so schnell in ein Muster rein, sondern bewahrt sich noch eine gewisse Aufmerksamkeit, die man als Paarklumpen sonst schnell verliert. Ist es nicht schön, wenn man sich noch einspielt? Ich finde, das ist der spannendste Teil des Ganzen«, beendet sie ihr Plädoyer.

Ich schaue auf Tonis lila Lippen, trinke einen Schluck Rotwein, zünde mir nervös eine Zigarette an, und meine Schotten machen dicht. Toni müsste doch mittlerweile eigentlich wissen, dass ich mich mit spannenden Dingen so schwertue wie mit handwerklichem Arbeiten. Spannend, das bedeutet für mich schließlich nur ungewiss. Und während andere Menschen in Momenten der Ungewissheit aufblühen, das Adrenalin spüren, das die Vielfalt an Optionen durch ihre Venen schickt, und mit dem Kribbeln und Ziehen unerreichbare Ziele erreichen, scheitere ich.

Als Henry und Toni merken, dass wir an diesem Punkt gerade echt nicht mehr weiterkommen, springt Toni mit einer Antwort auf ihre eigene Frage ein.

»Ich könnte mir gut vorstellen, dass dir das mit dem Label für dein Umfeld wichtig ist. Dass du anderen davon erzählen und ein bisschen damit angeben kannst, wie happy ihr seid. Das wäre ja auch gar nichts Schlimmes. Jeder gibt schließlich gerne mal an, besonders mit einem so gut aussehenden neuen Partner. Und – du hattest das ja noch nicht so oft.«

»Vielleicht ist es das«, antworte ich ausweichend bei

einem größeren Schluck, während der Rauch beim Trinken in meiner Kehle kratzt.

Am Nachmittag darauf liege ich leicht verkatert unter drei Decken auf meiner Couch, und während *Bauer sucht Frau* über den Fernsehbildschirm flimmert und ein sympathischer Schweinebauer seine Auserwählte für die Hofwoche mit einer Pferdekutsche abholt, wollen Tonis Vorschläge nicht aus meinem Kopf verschwinden. Brauche ich das Label »Beziehung« wirklich nur für die Außenwirkung? Weil es mir wichtig ist, was andere denken? Ihr letzter Satz findet dabei mehr Resonanz und katapultiert mich zurück in mein Teenagerzimmer: »Du hattest das noch nicht so oft.« Ähnlich wie jetzt lag ich dort immerhin oft unter mehreren Decken, wenn ich in meine Traumwelt floh, die durch Märchen und romantische Filme gefüttert wurde. Damals wollte ich so sehr gerettet werden, dass ich mich in der Traumwelt, in der mich ein Prinz zu sich aufs Pferd holte, so viel lieber aufhielt als in der Realität. Und weil ich in den Folgejahren alleine blieb, während andere Jungs im Umkleideraum mit ihren ersten Erfahrungen prahlten, wurde der Prinz in meiner Vorstellung durch Hugh Grant ersetzt und ich in den blauen Türrahmen entführt. Selbst als ich meine ersten Erfahrungen in Berlin sammelte und mich zum ersten Mal tief in den Augen eines Unbekannten verlor, war es trotzdem nicht so, wie ich das aus den großen Liebesgeschichten kannte und es mir ersehnt hatte. Tinder war kein Strauß Blumen, und so wurde Hugh Grant zu Jamie Dornan in *50 Shades of Grey*. Mit einem

Schlüssel zur Penthousewohnung und einem roten Bondageraum.

Diese alte Sehnsucht nach der eigenen romantischen Komödie hat mich bis heute in meinen Beziehungen beeinflusst, und das, obwohl ich mir über die Jahre eigentlich immer wieder bewiesen habe, dass ich mich schon auch selbst retten kann. Aber Toni hat Recht: Ich hatte das noch nicht so oft, und so haben sich über all die Jahre Erwartungen aufgebaut, wie eine Beziehung auszusehen hat und wie Hofiertwerden geht. Ich suche ja schließlich auch nicht irgendjemanden, ich suche einen Romeo. Und vielleicht hat mich der erste Auftritt der Husky-Augen auch noch mal mehr in diese Richtung gedrückt, weil er so sehr perfekt war, dass ich dachte, dass das im Dating genau so weitergeht. Ja – bisher brauchte ich das Label »Beziehung«, einfach weil das im traditionellen Ablauf des Datings ab einem gewissen Punkt dazugehörte. Dann brauchte ich das Gefühl, dass mein Gegenüber für mich Drachen bezwingen würde, wenn denn mal einer auftaucht, dass er vor die Presse treten würde, um allen zu sagen, wie sehr er mich liebt, oder für mich zu einem ordentlichen Hausmann wird, der plötzlich Kinder statt Kink möchte. Und wenn es dieses Gefühl mit einem Mann in der Vergangenheit nicht gab, setzte ich unterbewusst irgendwann zur großen Goodbye-Tour an. So wie das ein alter Popstar macht, der seine größten Hits noch einmal mit heiserer Stimme zum Besten gibt. So lange, bis selbst Hardcorefans nur noch langsam und unter leichten Schmerzen der Handballen klatschen. Ich sabotierte das, was die Husky-Augen und ich hatten, und machte einen dramatischen Abgang von irgendeiner WG-Party. Gerade in diesem Moment frage ich mich, ob überhaupt irgendjemand diesen ganzen Anforderungen gerecht werden kann. Wer hat schon einen weißen Schimmel im Stall, einen Buchladen im Londoner Westen und ein Bondagezimmer auf dem Gang? Das ist schon wirklich viel. Aber – bedeutet das im Umkehrschluss, dass ich meine Vorstellungen komplett über den Haufen werfen muss? Darf ich nichts mehr davon erwarten, oder ist das nicht auch nur eine falsche Herangehensweise? Ich will ja trotzdem, dass die Husky-Augen mit mir nach Hause gehen, wenn es mir schlecht geht. Und dass sie das von sich aus auch wollen.

Weil ich mir unsicher bin, welchem Gedanken ich im Chaos gerade noch trauen kann, rufe ich Alisha an. Sie kennt mich schon so lange und weiß über meine Missstände der Vergangenheit so gut Bescheid wie keine andere Person.

»Kann ich ehrlich sein?«, fragt sie nach meinen Erläuterungen.

»Ja, bitte.«

»Also so, wie ich dich die letzten Male erlebt habe, denke ich nicht, dass es nur um deine Disneyvorstellungen geht. Mit der Vergangenheitsbewältigung bist du schon auf einem guten Weg.«

»Das heißt?«

»Na ja – wenn der Fehler nicht bei dir liegt, weil du nur zu viel verlangst und unrealistische Vorstellungen hast, dann liegt es eben an etwas anderem, dass das mit den Husky-Augen und dir nicht funktioniert«, sagt sie, da sammeln sich Tränen in meinen Augen.

»Was denkst du denn, was ich machen soll?«, frage ich jetzt schluchzend.

»Das kann ich dir auch nicht sagen, sorry. Aber weißt du was, Jules: Für mich bist du schon immer dein eigener Prinz gewesen. Aber das heißt halt nicht, dass du im Umkehrschluss keinen Prinzen brauchst. Eher im Gegenteil. Du stammst schließlich aus einem verdammten Königshaus. Auch wenn in Beziehungen keine Rechnung geführt werden sollte darüber, wer zu welchem Zeitpunkt wie viel gibt und nimmt. Aber irgendwas sollte dir schon zurückgesandt werden. Und wenn es nur ein Kuss-Smiley mit Herz ist. Ich meine: Du hast ihm zum Start des neuen Semesters eine krasse Schultüte geschenkt, du hast mit seinen Leuten, den Frisbeefanatikern, eine Platte aus Plastik durch den Park geworfen, obwohl du sowas hasst, und du versuchst schon eine ganze Weile damit klarzukommen, dass er sich wenig meldet und in seine Gefühle keinen Einblick gibt. Da muss er schon etwas mehr bringen. Wenn du runterschalten sollst, muss er langsam Gas geben.«

Als ich meiner Lieblingskollegin Anna am Montag vom aufgeräumten Chaos erzähle, fragt sie mich, was ich denn dann für den Abend geplant habe, an dem ich die Husky-Augen wiedersehe, nachdem sie diese Woche über bei ihrer Familie sind. Kurz abgelenkt schaue ich auf meine Whatsapp-Vorschau, aus der im Moment ein Smiley in meine Richtung küsst. Das Herz fehlt.

»Ich will in der ganzen Wohnung Kerzen und Teelichter verteilen. Und zwar so, dass sie eine Straße zu meinem Sofa bilden. Und »Only You« von Yazoo wird im Hintergrund spielen«, sage ich und blicke vom Display auf.

»Wie passt das denn?«, fragt ihr Blick verwundert, ohne dass sie etwas aussprechen muss. »Das passt schon«, denke ich. Für mich jedenfalls. Denn – auch wenn ich den Prinz wieder ins Buch, Hugh wieder auf die Leinwand und Jamie zurück ins Sexzimmer schicke, wenn ich versuche, meine Träume der Realität ein Stück anzupassen, ändert das ja nicht, wer ich bin. Auch wenn er kein Romeo sein, sondern mich nur auf der Mittelspur der Autobahn treffen muss – ich bin am Ende immer noch ich – Julius.

#15 Wie kommt man über ein gebrochenes Herz hinweg?

Ich atme kurz aus, ein und greife nach meinem Reisekoffer, um mit ihm die 12 Stufen zum Briefkasten im Vorderhaus zu erklimmen. Ich komme nach einem langen Wochenende in der Heimat nach Hause. Mein Vater hat runden Geburtstag gefeiert, also habe ich über die letzten Tage 92 Hände von Menschen geschüttelt, die mich gut kennen und die ich kaum kenne, habe über 21 Witze gelacht, die ich nicht verstand, habe 13 Bier getrunken und meiner Oma einmal versucht zu erklären, dass ein Onlineshop doch auch nur ein Otto-Katalog ist, was ich schnell wieder aufgegeben habe. Die Tage haben mich mitgenommen. Die Hände, Gesichter, kleinen Geschichten, Drinks und »Was machst du noch mal in Berlin?«-Gespräche haben mich mitgenommen. So sehr, dass ich jetzt jede Stufe zähle und mein rechter Arm beim Heben des Koffers komisch zieht, als würde mir Blut abgenommen werden, um ein 200-Seelen-Dorf mit frischem

AB zu versorgen. Sieben, acht, neun. Die Stufen sind mein Everest.

Als ich endlich vor dem Metallkasten stehe, der meinen Namen trägt, finde ich darin zwei Briefe. Der erste ist eine Rechnung von Vattenfall, der zweite ein Schreiben von Payback. Was nicht im Briefkasten liegt, ist ein Brief der Husky-Augen. Ich konnte mir eigentlich denken, dass da kein Brief von ihm liegt, aber irgendwie erschien es mir gerade jetzt doch im Bereich des Möglichen, dass da einer liegen würde, gefüllt mit kleinen Worten, die Großes bedeuten. Mit Liebe und Kampf, mit der Überzeugung, dass wir doch ein Paar sein sollten, mit Platz Einräumen und allem, was ich über die letzten Wochen so sehr vermisst habe. Auch als ich kurz darauf auf den Aufzug im Seitenflügel warte, der zu meiner Wohnung führt, stelle ich mir vor, dass sich gleich ein romantisches Feuerwerk in meinen Augen reflektiert. Dass dort Haftnotizen mit Liebeserklärungen kleben oder dass er darin wartet mit einem großen Strauß weißer Rosen. Dass er da steht und mich zu sich zieht und mich küsst und sagt, dass er noch eine Chance bekommen und mich zurückhaben will. Auch wenn ich gerade nach roten Gauloises schmecke. Doch die Türen öffnen sich, und da kleben keine Notizen, und er steht auch nicht drin. So ein Aufzug ist eben kein Tor in eine alternative Realität und mein Leben nicht *Grey's Anatomy*. Das grelle Licht verpasst mir jetzt eine harte Wahrheitsschelle.

In meiner Wohnung angekommen, merke ich, wie alle

Muskeln, die mein Gesicht zusammenhalten, loslassen und Tränen, die über meine Wangen laufen, zu Flüssen werden, die direkt über die Ufer treten. Ich erlebe ein Trennungs-Déjà-vu. Alles, was ich um mich herum wie durch Milchglas betrachte, ist wie immer. Alles sieht nach mir aus, nichts nach uns. Wie auch – die Husky-Augen haben sich über die letzten sechs Monate nie wirklich in mein Leben eingemischt, und die ein, zwei Überbleibsel von ihm, die es gab, habe ich schon in eine Exfreundes-Kiste verbannt. Ein Foto, das ich in einem Rahmen verewigt hatte, liegt zum Beispiel in der Box.

Es liegt da eine Weile. Ich hatte es bereits wieder aus dem Rahmen genommen, während wir uns noch getroffen haben, weil er meinte, dass er es nicht mag. Ich habe mich damals gefragt, warum er es nicht mag, weil er eigentlich nicht eitel ist und darauf gut getroffen war. Bis ich gemerkt habe, dass es der Anblick von uns beiden als Paar war, ausgestellt in meiner Wohnung, für andere zum Betrachten, den er nicht mochte. Das hat er nicht ertragen. Und ich habe es nicht ertragen, dass er das nicht ertragen hat, und so saß ich vor zwei Wochen in der Bahn zu ihm, um ihn an den Schultern anzupacken und aufzurütteln oder Schluss zu machen. Jetzt erlebe ich das Déjà-vu, das mich so sehr an die Trennung vom Iren erinnert, der vor ihm kam. Mit einem Satz, der jetzt immer und immer und immer wieder durch meine Gedanken fährt und an dem sich beide festgehalten haben. Als Entschuldigung dafür, dass sie nicht mehr geben, keine Zugeständnisse machen konnten und stattdessen Schluss sein musste: »Ich kann mich nicht verbiegen.«

»Verbiegen!«, schreit mir Toni lautstark entgegen, als ich ihr am Montag im Roten Raben in Kreuzberg das letzte Gespräch rekapituliere.

»Das hat ja nichts mit Verbiegen zu tun, wenn man sich auf jemanden einlässt. Klar, man richtet sich anders aus, macht Eingeständnisse. Man geht eher schlafen, weil der andere früh raus muss, meldet sich häufiger, weil der andere das braucht, oder geht in Filme, die man nicht mag. Aber das ist ja kein Verbiegen. Das ist einen Kompromiss eingehen und teilen. Verbiegen – das ist einfach nur lächerlich«, sagt sie und dreht sich in Rage eine dünne Zigarette.

»Ja, ich weiß«, sage ich. »Das sehe ich ja auch so. Aber …«, stammle ich weiter. »Aber ich wollte ihn so sehr, und es hat mir das Herz gebrochen, dass alles, was ich geben wollte und machen wollte, für ihn Aufgaben waren, Verbiegen war.«

»Das tut mir so leid, Julius, aber das kann man halt leider nicht beeinflussen, wie der andere das annimmt. Und ich habe ja gemerkt, wie sehr du dich gedreht und gewendet hast, damit das für ihn passt, und er nichts gemacht hat. Für ihn war das schließlich genau so ideal, mit wenig Kontakt, nur nicht einengen, nur nichts Offizielles«, sagt Toni, dann wartet sie kurz und checkt durch Augenkontakt, ob ich den nächsten Satz aushalte. »Aber dann war da eben von seiner Seite keine Liebe da«, sagt sie schließlich nüchtern, weil sie weiß, dass ich das überleben werde. »Wenn du dich in jemanden verliebt hast, du jemanden liebst, dann gibt es kein Verbiegen, auf jeden Fall nicht in den ersten sechs Monaten. Dann möchtest du die Person, und zwar mehr, als du das Hundebaby aus dem Internetvideo möchtest. Und das ist wirklich viel *möchtest.*«

Die kommenden Tage bin ich abwechselnd traurig und wütend. Von Minute zu Minute schwankt meine Playlist zwischen Adele und Rihanna. Erst bin ich traurig, weil er weg ist und er mich nach dem Schlussmachen schneller hat ziehen lassen als einen Mundharmonikaspieler, der ihn mit »Country Roads« in der U2 belästigte. Daraufhin werde ich wütend. Erst auf ihn, weil er bei unserem ersten Traumdate gesagt hat, dass er auch etwas Festes sucht, und das gelogen war. Dann auf mich. Darauf, dass ich jetzt schon zum zweiten Mal versucht habe, einen Atheisten vom Glauben zu überzeugen. Und dann – dann hasse ich mich, weil ich trotzdem den Briefkasten checke und den Aufzug, und ich werde trauriger und wütender, bis ich am Ende, wenn mir beim Eintritt in die Wohnung nur mein eigener Schatten entgegenfällt, alles bin. Wie ein ekelhafter Haarballen aus Emotionen, den ein Kater ausgespuckt hat.

In diesen Momenten, nur noch als Haarballen, rufe ich Pia an, weil ihre harten Ratschläge dann besonders wirken, und stelle ihr Fragen, die sie nicht beantworten will.

»Warum konnte er das nicht?«, frage ich. »Warum ist ihm das so schwergefallen, dass wir zusammen sein könnten?« Oder: »Was wäre wenn?«

»Ach Julius«, sagt sie dann. Und mit »*Was wäre wenn* ist etwas für Idioten. Melde dich bloß nicht bei ihm«, wäscht sie mir den Kopf. Egal, wie viele Regeln es beim Dating gibt, die meisten gibt es anscheinend bei der Trennung. Jede Person, mit der ich spreche, hat immerhin eine genaue Vorstellung, was eine gute Trennung ausmacht. Für die einen bedeutet das, sich weiterhin zu schreiben und noch mal in Ruhe über alles zu reden, während die andere Seite einen kompletten Kontaktabbruch, einen klaren Schnitt empfiehlt. Und während die eine Partei seinen kompletten Freundeskreis stalken würde, auf der Suche nach Hinweisen, wie es ihm jetzt geht, drückt die andere auf Blockieren. In der Mitte jeder dieser Entscheidungen steht dabei immer ein »Oder«. Nur bei traurig oder wütend sein, gibt es für alle ein »Und«.

»Der hat doch gar keine Ahnung, was er sucht. Der findet erst mal keinen«, sagt Pia am Ende unserer Telefonate immer, um mich zu beruhigen. Das hilft.

»Also das glaube ich nicht«, sagt meine Freundin Caro, die ich am Wochenende darauf für einen Tapetenwechsel in Hamburg besuche. »Klar, der trifft sich jetzt erst mal noch mit ein paar Tinder-Typen, um zu schauen, wer da draußen so ist, dann geht er bestimmt noch mal zu dem Holländer zurück, mit dem er vorher was hatte, bis er merkt, dass das auch nicht das Wahre ist, und dann, dann in ein paar Monaten, wenn er jedes Dating-Level noch mal gespielt hat, das er eigentlich schon vor dir durchhatte, dann wird er das vermissen, was er mit dir hatte, gezielt danach suchen und es wieder finden. Mit einem neuen Julius, für den er besser kommuniziert, den er seinen Eltern vorstellt und nicht so leicht gehen lässt«, beendet sie ihre Trennungsanalyse.

»Aber warum kann er denn nicht zum ersten Julius zurück? Zum Original?«

»Ja, weil er sich dann die Fehler eingestehen müsste, die er gemacht hat. Das können vor allem die Typen, die du datest, nicht. Die wollen immer *die Guten* sein, auch wenn sie richtige Wölfe im Schafspelz sind. Oder deinem Fall: Streunerpelz. Ich glaube leider, du warst für deine Ex-Beziehungen bisher sowas wie der Typ aus dem Film *Der Glücksbringer* für seine Dates. Erst nach dir erkennen sie den Richtigen.«

Obwohl mich Caros Aussage für den Rest des Abends beschäftigt, erlaube ich mir gerade in ihrer WG-Küche das erste Mal etwas auszusprechen, das ich vorher nur gehaltlos gesagt habe, weil man das als starke Person so machen soll: Es lag nicht an mir.

Als Caro und ich um Mitternacht gemeinsam unter Zara-Home-Decken mit Blütenmuster liegen, drehe ich mich zu ihr, weil ich nicht schlafen kann.

»Wie geht das eigentlich, das Abschließen?«

»Gar nicht«, flüstert sie. »Du wartest einfach, trinkst und rauchst zu viel, bist wütend und traurig. So lange, bis die Erinnerung an seine Husky-Augen zwar immer noch da, aber auch ganz weit weg ist. Und du vergisst, wie eisblau die Augen sind. Und wenn du das fast vergessen hast, triffst du ein neues Paar, das du am Anfang jetzt noch genauer auf den Prüfstand stellst. Am besten werden es nächstes Mal grüne Augen. Zwei kleine Smaragde.«

Ich lache, sie dreht sich zu mir.

»Weißt du, was ich an dir am meisten bewundere, Julius?«, fragt sie sanft, ohne eine Antwort zu erwarten. »Dass du immer wieder aufstehst und dich traust zu fliegen. Und eins kann ich dir versprechen: Den Mann für den Bilderrahmen, den gibt es da draußen. Da bin ich mir ganz sicher.«

»Vielleicht«, sage ich und drehe mich mit dem Rücken zu ihr. Sie rutscht an mich heran und umgreift als großer Löffel meinen Oberkörper. Ganz, ganz fest.

»Gib dir Zeit«, flüstert sie in mein Ohr und gibt mir einen Kuss drauf. Ich atme langsam aus und langsam ein und merke wieder, wie alle Gesichtsmuskeln loslassen, nur Tränen folgen diesmal nicht, denn – alles entspannt.

»Irgendwann kann ich das wieder«, denke ich. »Ich kann das. Ich bekomme das hin. Aber nur mit Freundinnen wie euch.«

#16 Wie soll man abschließen, wenn es das beschissene Internet gibt?

Erstes Bild, rahmenlose Brille: Ich wische nach links. Zweites Bild, Affe auf der Schulter: schon zu oft gesehen. Swipe! Semiprofessioneller Backpacker: Nope, zu viel Campen, Bohneneintopf und Aussicht genießen müssen und sich dabei nicht beschweren dürfen. »Für zwei Wochen in der Stadt«: Nö, ich bin kein Sexdate und auch kein Touristenführer. »Techno ist mein Leben«: meins aber nicht. »In einer offenen Beziehung«: Sorry, ich schaffe es ja kaum, in einer geschlossenen Beziehung die erste Geige zu spielen. Typ »Ich besitze keine T-Shirts«: nein. Kevin: thank you. Herbert: next! »Keine Fetten«: Ich hasse dich. »Keine Asiaten«: Dich hasse ich auch. »Nur straight-acting«: Du hasst dich. »Keine Hipster«: okay, ciao.

»Hast du die letzte halbe Stunde überhaupt ein einziges Mal nach rechts gewischt?«, fragt Toni von der Seite und reißt mir das Smartphone aus der Hand.

»Wahrscheinlich nicht«, sage ich genervt und zünde mir in ihrer Kreuzberger WG-Küche eine Zigarette an.

»Dann suche ich jetzt für dich weiter«, sagt sie und übernimmt meinen Tinder-Account.

»Besser so«, denke ich. Nach einer Weile vermischen sich die Namen, Selfies und Beschreibungen sowieso zu einem dauerlächelnden, die Welt bereisenden, immer sportlichen Cocktail, der am Ende nach gar nichts mehr schmeckt.

»Wie wär's denn mit Robin, 27?« Nach ein paar Minuten hält sie mir euphorisch den Bildschirm entgegen.

»Ne«, schüttle ich den Kopf. »Der sieht schon so super aktiv aus. Das ist der Typ Mann, der dich jeden Samstag um 9 Uhr aus dem Bett schmeißt und in die Kletterhalle schleppt, damit ihr dort die Ersten seid, und der dich anfeuert, wenn du ein paar Höhenmeter geschafft hast. Plus: Der ist bestimmt richtig unruhig beim Sex und wechselt alle paar Minuten die Stellung und will dann, dass du dich auch so viel bewegst und verbiegst und wirbelst, und du weißt ja, wie sehr ich mich bei Bettgeschichten mit dem Seeelefanten von *Urmel aus dem Eis* identifiziere.«

»Du spinnst«, sagt Toni und lacht. Sie wischt noch ein paar Mal über den Bildschirm, nippt am Rotwein, nickt, überlegt, wischt, dann pausiert sie. Zwei schweigende Minuten vergehen. Dann drei.

»Überlegst du etwa immer noch, wie Robin beim Sex wäre?«, frage ich ungeduldig, weil die Stille jetzt wirklich schon zu lange anhält. »Ich wette mit dir, der ist auch noch so ein Geräuschloser. Einer, der einen ganz schrecklichen Gesichtsausdruck hat, wenn er kommt, dafür aber keinen Mucks macht.«

Toni reagiert nicht und gibt mir zögernd das iPhone zurück. Ich schaue auf das Display, und aus der Stille, die gerade fast unerträglich war, wird sofort ein lautes Trommeln, weil mein Herz in doppelter Geschwindigkeit pumpt und das Pulsieren in meinem Gehörgang landet. Da sind sie wieder. Zurück auf Tinder – die Husky-Augen.

»Ist alles okay?«, fragt Toni, während sie mein Weinglas über den Tisch näher zu mir rückt.

»Es war ja nur eine Frage der Zeit, bis das passiert«, antworte ich und nehme einen großen Schluck Rioja.

»Aber, ist schon komisch, oder?«, fragt sie weiter.

»Ja, klar ist das komisch. Wir hatten jetzt zwar schon über einen Monat keinen Kontakt mehr, aber es ist komisch zu wissen, dass er auch wieder auf der Suche ist. Und am komischsten ist es, dass es ihn überhaupt noch gibt, obwohl es ihn mit mir nicht mehr gibt. Als würde er als Zombie weiterleben, wo ich doch so lange an seinem Grabstein stand und mir die Augen ausgeheult habe«, sage ich und trinke einen weiteren, größeren Schluck Wein.

»Weißt du was, Julesi? Wir überarbeiten mal dein Profil!«, sagt Toni jetzt extra positiv. »Diese Beschreibung muss echt weg. Das liest sich fast so schlimm wie eine Partneranzeige im Lokalblatt«, fährt sie fort.

»Okay«, nicke ich und wische nach links.

Zwei Tage später geht mein fremdbestimmter Optimierungsprozess mit Sport weiter. Amelie hat mich überredet, mal wieder mit ihr ins Fitnessstudio zu gehen. Ich war schon lange nicht mehr da. Wie lange, merke ich erst, als wir im Eingangsbereich stehen. Das Studio gehört seit ein paar Monaten zu einer neuen Kette und wurde zum Wechsel von Grund auf umgebaut. Wenn Fitnessstudios für mich vorher schon etwas von einer anderen Welt hatten, ist das jetzt endgültig so. Die komplette Halle sieht aus, als hätte sich das Geschichtsbuch der 7A hier nach einer durchzechten Nacht mehrfach übergeben. Die Armee der Ming-Dynastie reiht sich an die Sixtinische Kapelle, während über die Boxen ein schrecklicher Remix eines bekannten Popsongs bechert, der bestimmt auch in der Hölle zur Folter der verlorenen Seelen läuft.

»Ich hasse alles so sehr«, rufe ich Amelie hinterher, als wir uns an den Umkleiden trennen.

»Ich hasse auch alles!«

Eine halbe Stunde später treffe ich Amelie an der Beinpresse wieder.

»Was hast du so lange gemacht?«, fragt sie, weil sie zum Erwärmen schon 15 Minuten auf dem Laufband hinter sich gebracht hat.

»Ich musste eine Instagram-Story machen, was sonst? Dieses Desaster muss ich doch festhalten«, lache ich.

»Hast du den Fake-Michelangelo schon gesehen?« Sie schaut zur Decke.

»Das soll *Die Schöpfung* sein, oder?«

»Wohl eher *Der Untergang.*« Jetzt lachen wir beide laut heraus.

»Perfekt. Das kommt in die Story«, sage ich, lege mein Handtuch auf den Sitz und setze zum Pressen und Posten an.

Zum Ende des Trainings öffne ich auf dem Ergometer erneut die App, um zu checken, wie viele meiner Follower schon mit mir leiden. Ich wische zu meiner Story, Slide 1, und betrachte die Zuschauer, und da sind sie wieder, ganz oben – die Husky-Augen. Slide 2, ganz oben. Husky-Augen. Slide 3. Husky-Augen. 4. Husky. Mein Puls steigt, ich höre auf zu strampeln und muss alles in mir zusammenhalten, um nicht loszuschreien.

»Das muss doch ein Witz sein«, wütet es in mir. Ein kosmischer Scherz. Irgendwo sind die Kameras, und gleich springt Ashton Kutcher auf mich zu und schreit »Punk'd!«. In der gesamten Zeit unserer titellosen Beziehung haben sich die Husky-Augen nie meine Story angeschaut. Jetzt aber – jetzt tun sie es. Und das, obwohl sie mich schon so lange nicht mehr sehen wollen und mich wahrscheinlich nie wirklich sahen, selbst wenn wir uns direkt in die Augen blickten.

Mit dem Gedanken bricht ein ganzer Eisberg an Fragen auf mich herunter: Warum macht er das jetzt? Warum kümmert es mich noch so sehr? Und: Wie soll man mit einer Fast-Beziehung abschließen, wenn es dieses beschissene Internet gibt?

Als ich später in der Umkleide stehe, erreicht mein innerer Kampf ein neues, absurdes Level, weil das Schlimmste, der David unter den Gefühlen, gewinnt – die Hoffnung. Hoffnung, dass er sich das anschaut, weil ich ihm doch etwas bedeute. Dass er mir mit seinem Click eine digitale Hand entgegenstreckt oder wenigstens einen Finger, und dass das der Anfang unseres eigenen Michelangelo-Deckenfreskos ist. *Die Wiederauferstehung* ist. Und so stehe ich plötzlich vor dem Spiegel der Umkleide und suche den besten Winkel für ein Selfie, der meinen Oberkörper, der dem gemütlichen Auenland aus *Herr der Ringe* gleicht, am besten in Szene setzt. So, dass er doch mehr nach den von Feuer gestählten Mordor-Oberkörpern aussieht, die mich gerade umgeben. Ich schieße ein Foto, dann 22, dann lade ich eins hoch, dann lösche ich es wieder.

Es vergeht eine Woche, in der ich mein Leben auf peinlichste Art und Weise in den sozialen Medien dokumentiere. Die Sushi-Platte im Dudu, die ersten Minusgrade in Berlin und dieses eine Wandgraffiti, das nun wirklich keine Aufnahme wert ist. Alles wird fotografiert, mit einem halb lustigen Spruch unterlegt und gepostet. Und alles wird betrachtet. Und mit jedem View kriecht die Hoffnung wieder hoch wie ein Virus, der die Kontrolle über seinen Wirt mit jedem Paar Augen Stück für Stück übernimmt. Das geht so lange, bis es an einem Freitag das letzte Mal ist, dass sich die Husky-Augen meine Story ansehen. Ein Freitag, an dem er sein Instagram-Profil auf privat stellt und uns endgültig auch digital aufgibt. Ein Freitag, an dem ich mich später so stark betrinke, dass die Lichter nicht nur aus, sondern bis zum nächsten Abend komplett durchgebrannt sind.

Ich brauche daraufhin ein paar Wochen, um die Infektion wieder aus meinem System zu bekommen. Ich übernachte nicht bei mir, sondern bei Freundinnen, rauche eine ganze Schachtel am Tag und schaue mir die 2018er Golden-Globes-Rede von Nicole Kidman in Dauerschleife an und weine jedes Mal ein bisschen, wenn sie sagt: »And thanks to Keith Urban. When my cheek is against yours, everything melts away. And that is love.«

Es ist erst am Dienstag, dass ich Toni am Hörer habe, als ich nach der Arbeit zum Rosenthaler Platz laufe und einigermaßen über den Damm bin.

»Und, wie hältst du durch?«, fragt sie mit besorgter Stimme.

»Ganz gut. Ich war heute mal wieder auf Tinder und glaube, es hat echt geholfen, dass wir mein Profil aufgemotzt haben«, antworte ich.

»Also gehst du wieder auf Dates?«

»Noch nicht, aber bald. Bald gehe ich wieder auf Dates«, sage ich beruhigend und schaue nach links in das beschlagene Fenster eines Restaurants, da schlagen meine Zehen sofort Wurzeln, und im Reflex lege ich auf. Da sind sie wieder auf meinem Nachhauseweg – die Husky-Augen. Genau hier und jetzt, in diesem japanischen Restaurant, in das er mich mal irgendwann ausführen wollte. Da sitzt er, trinkt ein Bier und lacht mit Freunden. Ganz analog, auch wenn eine Scheibe aus Glas zwischen uns liegt. Und obwohl ich kurz unsicher bin, ob mir mein Kopf gerade nicht einfach nur einen Streich spielt, ob das reine Wunschvorstellung oder doch echt ist, bleibe ich stehen. So lange, bis ich mir sicher bin, dass er es wirklich ist, er auch mich sieht und mich betrachtet und die Husky-Augen meine Augen treffen. Ich halte den Blick für einen Moment, nicke ihm zu, ich atme durch und spreche »Ciao« in den Berliner November, auch wenn er das nicht hören kann. Ich breche die Wurzeln auf, drehe mich um und laufe los. Wir sind vorbei, das weiß ich jetzt. Und diesmal – diesmal, da sage ich Goodbye – ein allerletztes Mal.

#17 Wo ist mein Selbstwertgefühl hin?

01:12 Uhr

»Lust zu treffen? Ich komme gerade aus einer Bar und habe noch Bock!«

In den Schaufenstern funkeln Weihnachtssterne und Christbaumkugeln, auf dem Gehweg schieben Elternpaare in dicken Jacken Kinderwägen über den Asphalt, und aus einem Store schallt leise Michael Bublé, während ich am Samstagvormittag über die Kastanienallee nach Hause laufe, was mir jetzt mit jedem Schritt schwerer fällt. Die Leber kämpft mit dem Restalkohol, mein Kopf sitzt so schwer auf meinen Schultern, als hätte ich einen Helm auf, und in der Magenregion hat sich schon gestern ein schlechtes Gefühl eingenistet, das jetzt überhandnimmt. Mir wird übel. Für einen Moment bleibe ich also auf dem Kopfsteinpflaster stehen, schließe die Augen, atme durch, 23, 24, bevor ich die Augen wieder öffne. Doch das Gefühl will nicht verschwinden. Ich fühle mich wie ein Alien, der auf dem falschen Planeten gelandet ist, oder ein Aussätziger, der sich in einen vornehmen Stadtteil geschlichen hat. Ich fühle mich, als wüssten die Eltern mit den Kinderwägen und das Seniorenpaar, das gerade meinen Gang kreuzt, was ich letzte Nacht angestellt habe. Dabei kann ich natürlich sicher sein, dass die Paare das nicht wissen. Wahrscheinlich blicken sie nur deswegen so angespannt, weil sie Einkaufslisten durchgehen und sich fragen, ob sie wohl an den Feiertagen endlich mal wieder Sex haben werden, wenn die Kids bei Oma und Opa sind. »Das ist es. Bestimmt sind die nur neidisch«, rede ich mir jetzt ein, um mir mein Gefühl auszureden, und biege um die Ecke.

Vor zwei Wochen habe ich das erste Mal Grindr auf meinem Smartphone installiert. Grindr, das ist eine App, die hauptsächlich für unkomplizierten, spontanen Sex zwischen Männern genutzt wird. Bisher hat mich das ziemlich abgeschreckt, weil eine schnelle Nummer für eine Nacht so gar nicht in meine Vorstellung von Intimität passte. Doch meine Frustration über die Trennung wuchs, und so installierte ich die App schließlich. Seitdem habe ich mich mit drei Männern getroffen, immer spätnachts. Die ersten zwei Männer traf ich, nachdem ich mit Freundinnen getrunken hatte, gestern betrank ich mich alleine davor. Früher hätte ich in meiner Wohnung nie eine Flasche Rotwein aufgemacht, erst recht nicht in der Absicht, sie ganz alleine komplett auszutrinken. Gerade passiert das immer öfter, auch ohne Date und auch mal unter der Woche, was mir langsam doch etwas Angst macht. Denn was in Filmen wie *Bridget Jones* zwar auch nach Verzweiflung, aber vor allem nach viel Spaß aussieht, weil die Person nach der Flasche da ihre Sorgen ausgiebig heraustanzt und das für sie der Befreiungsschlag ist, den sie dringend brauchte, um ihr Leben neu zu kalibrieren, ist es in der Realität wirklich nur ein sehr schlechter Versuch, sich zu betäuben, gar nichts mehr zu spüren, und die negativen Stimmen im Kopf für den Abend auszuschalten, um sie am nächsten Morgen umso mehr zu hören.

Als ich aus Routine meinen Briefkasten im Flur des Vorderhauses auf Rechnungen checke und mein Nachbar um die Ecke schaut, bekomme ich das besonders zu spüren, denn die Stimmen setzen ein. Wie im Reflex ziehe ich daher meine Jacke fester über das Outfit, das ich seit gestern trage, und versuche seinem Blick auszuweichen, da stellt sich Herr Kempf vor mich.

»Oh hallo, Julius, schön, dich hier mal wieder anzutreffen. Ich wollte dir eh mal sagen, dass ich es richtig cool finde, dass du in letzter Zeit so zur Ruhe gekommen bist«, sagt er mit einem breiten Grinsen. Weil ich mir nicht sicher bin, wie ich auf seinen Kommentar reagieren soll, stottere ich die Antwort jetzt vor mich hin. »Ach. Okay. Ja? Danke«, murmle ich, während etwas »Was für eine Frechheit! So was zu jemandem zu sagen, dessen Leben man gar nicht kennt!« in meine Gedanken ruft. Herr Kempf hat sich über die letzten Jahre bestimmt viermal bei mir beschwert, dass ich zu laut sei. Wirklich berechtigt war das meiner Meinung nach kein einziges Mal. Zu laut zu sein ist in unserem Hinterhof nämlich nicht mal ansatzweise eine Herausforderung. Nicht nur ist der Hof durch seine Architektur unheimlich hellhörig, die meisten anderen meiner Nachbarn führen derart geräuschlose Leben, dass man sich eigentlich Sorgen um sie machen sollte. Klar fällt man da leicht auf, wenn man seinen Geburtstag feiert oder mit Freundinnen einen neuen Job begießt. Jetzt schlägt mir Herr Kempf im Gehen so stolz auf die Schulter, als wäre er eine dieser Moms im mittleren Teil von Amerika, die ihre Kids zu Schönheitswettbewerben schicken, und ich habe den ersten Platz gemacht und einen 200-Dollar-Gutschein für einen Einkauf in einer Shopping-Mall gewonnen. Wenn der wüsste!

Zurück in meiner Wohnung ziehe ich meine Schuhe über die Knöchel, ohne die Schnürsenkel zu öffnen, schmeiße sie in den Eingang und lege mich aufs Sofa. Für einen Moment genieße ich das Gefühl sogar. Für einen Moment suhle ich mich in meinem eigenen Dreck, in den Klamotten von gestern, mit dem Geruch des fremden Bettes, der an meinem T-Shirt klebt – dann schaltet plötzlich ein Knopf in mir um, und das Schamgefühl, das sich als Regenwolke über mir zusammengebraut hat, prasselt auf mich herunter. Wie im Wahn reiße ich meine Hose und das Hemd von mir. Mein Herz springt aus meiner Brust, als wäre es eine Ratte, die das Frachtschiff verlassen will, und mein Atmen wird zu einem Hecheln, das kaum ausreicht, um genug Sauerstoff in den Körper zu pumpen.

»Tief durchatmen, Julius«, sagt meine innere Stimme,

und ich richte mich auf, sodass ich gerade auf dem Sofa sitze.

»Das ist alles okay. Es war einfach ein One-Night-Stand. Das haben Leute andauernd. Das ist interessant, das macht Spaß«, bete ich mir ruhig vor, bis meine Atmung wieder entspannter wird. Nur das schlechte Gefühl sitzt weiter fest in meiner Magengegend. Jetzt lehne ich mich über das Sofa und betrachte mich im Spiegel, der dahinter steht. Ich blicke eine ganze Weile auf die Person, die da zurückblickt, aber mein Spiegelbild will nicht so recht passen. Da ist zwar derselbe Mund, dieselbe Nase, und auch die kleinen Falten sind dieselben, aber mein Gesicht sieht aus wie eine Karikatur, in der die Augenringe mit einem Permanentmarker extrabreit nachgezogen wurden und alles andere ein bisschen ausradiert wurde. »War das wirklich nur ein One-Night-Stand?«, frage ich mich und drehe mich wieder um. Warum habe ich das eigentlich wieder gemacht? Schon die zwei Mal davor haben mir schließlich weniger Spaß gemacht und mehr dieses Gefühl gefüttert. Und – verdammt noch mal – wo ist mein Selbstwertgefühl hin? Jetzt stoße ich auf, fange an zu würgen, renne ins Bad und übergebe mich.

Gestern habe ich mich mit Grindr-Mann Nummer Drei, Ian, um halb 2 am Zionskirchplatz verabredet. Bevor ich mit den Männern zu ihnen nach Hause ging, traf ich sie zur Sicherheit erst einmal an einem öffentlichen Ort, außerdem schickte ich Alisha ihre Telefonnummern. Das hatten wir mal so in einem Pakt beschlossen. Der andere habe so zumindest einen Anhaltspunkt, wer schuld sein könnte, würde man mal länger verschwinden oder in einem Kiesbett neben der A3 ermordet aufgefunden werden, auch wenn man die Tat an sich aufgrund der örtlichen Entfernung nicht verhindere. Bei Ian machte ich mir darüber aber von Anfang an keine Sorgen. Als wir uns trafen, umarmte er mich schließlich direkt herzlich, und seine Gesichtszüge sahen im Licht der Straßenlaterne weich und freundlich aus. Sowieso wirkte sein Gesicht vertrauenswürdig, weil es mich an das eines Opas erinnerte, nur eben in jung, und an das eines Mopses, nur eben in Mensch. Ian hatte eine Flasche Rotwein dabei und zwei Gläser, was mir gefiel, und so verbrachten wir eine ganze Weile auf einer Parkbank des Platzes. Von außen betrachtet hat das wahrscheinlich sogar romantisch ausgesehen: Zwei Männer im Schatten einer Laterne auf einer Parkbank am Zionskirchplatz, sie reden und trinken und knutschen, während der erste Schnee des Jahres fällt. Warum ist mir jetzt so übel, wenn das alles doch ganz süß, sogar ein bisschen romantisch war?

»Jules, endlich erreiche ich dich! Alles gut bei dir?«, fragt Toni, während ich im Aufwachen in den Hörer gähne. Nachdem ich mich von der Klobrille lösen konnte, war ich auf dem Sofa noch mal für ein paar Stunden eingeschlafen. »Warst du gestern aus?«, will sie jetzt weiterwissen.

»Ne, ich war nicht aus. Ich habe gerade nur einen Mittagsschlaf gemacht«, lüge ich, weil ich weiß, dass Toni mir eine ganze Reihe an Fragen stellen würde, wenn ich ihr von meinem gestrigen Sexdate erzählen würde. »Warum hast du das denn gemacht?«, würde sie fragen. »Warum bist du nicht zu uns gekommen, wenn es dir schlecht geht?« und »Warum bist du dir denn selbst so wenig wert? Du bist doch gar nicht der Typ, der One-Night-Stands so einfach mal macht, weil er Lust und Bock hat«. Weil sie die Wahrheit nicht kennt, fragt sie nun stattdessen: »Willst du heute Abend in die WG kommen? Wir trinken ein bisschen und hören One Direction, und vielleicht geht es dann mal wieder ins Bohnengold. Außerdem kommt Johannes vielleicht auch rum. Kannst du dich noch an den erinnern? Mein toller, neuer Freund, den du noch viel zu wenig kennst.«

»Ich denke, ich bleibe heute lieber daheim, sorry.«

»Okay. Aber nicht, dass du auf den Selbstzerstörungsknopf drückst«, sagt Toni am Ende des Telefonats, und ich merke, dass sie jetzt wirklich besorgt ist. »Das machst du ja gerne mal nach einer Trennung.«

»Keine Angst. Ich brauche einfach ein bisschen Zeit für mich«, antworte ich und mache mir jetzt doch auch selbst ein bisschen Sorgen.

Weil ich denke, dass frische Luft die beste Medizin gegen den Kater und die Übelkeit ist, binde ich meine Schnürsenkel auf, ziehe die Schuhe an und gehe in einem neuen Outfit nach draußen. Ich laufe eine ganze Weile durch Berlin-Mitte, wieder vorbei an Adventsschmuck, an Familien in Vorweihnachtsstimmung und süßen Seniorenpärchen. Ich laufe ziemlich ziellos, trotzdem komme ich irgendwann wieder am Zionskirchplatz an. Vielleicht, weil mein Unterbewusstsein mich hierhergesteuert hat. Ich setze mich auf die Bank, auf der ich vor nicht mal 24 Stunden mit Ian saß, und direkt laufen ein paar Tränen über meine Wangen.

»Warum, Julius?«, frage ich mich jetzt selbst, während der gestrige Abend langsam durch mein Kopfkino fährt. Ich krame ein Taschentuch aus meinem Wintermantel. Auch wenn es schneite, waren der Moment und das Knutschen schließlich gar nicht romantisch, was gar nicht an Ian lag. Na ja, seine Zunge stocherte ziemlich wild in meinem Mundraum herum, und seine Lippen waren die ganze Zeit über unheimlich feucht, das lag schon an ihm, aber das war nicht das Problem an der Situation, an unserem Abend – ich machte ja mit. Ich wollte das, auch wenn er schlecht küsste.

»WARUM?«, ruft es jetzt lauter durch meinen Kopf, weil ich mich daran erinnere, was nach dem Knutschen passierte. Dass ich am Ende so betrunken war, dass ich mir die letzte Zigarette der Schachtel falsch herum anzündete, meine Lippen ganz heiß wurden und ich den Fehler erst nach zwei Zügen bemerkte. Wie ich später durch Ians Wohnung stolperte und auf meine Schulter fiel und trotzdem nicht nach Hause ging, sondern immer noch bei ihm bleiben wollte. Und wie wir dann Sex hatten, den ich überhaupt nicht genoss, weil es mir egal war. Ich war einfach nicht mehr beteiligt. Es fühlte sich eher so an, als würde ich nicht mehr in meinem Körper stecken, sondern danebenliegen und betrachten. Zwar schon mitmachen, aber nur wie im Autopiloten. Warum? Warum? WARUM? WARUM?

Für eine Weile bleibe ich noch auf der Bank sitzen, dann wische ich mir die Tränen weg und lese eine Nachricht, die mir Toni geschickt hat.

»Jules, komm doch noch rum! Wir würden uns wirklich, wirklich freuen!«, steht da mit fünf Herzen.

»Okay«, tippe ins iPhone. »Ich würde mich jetzt schon auf den Weg machen. Passt das auch?«

»Immer!«

»Reiß dich zusammen!«, sagt meine innere Stimme ruhig, aber bestimmt nach einer halben Stunde auf der Bank. Ich stehe auf, und während ich zur U-Bahnstation am Rosenthaler Platz laufe, fasse ich mich etwas. Die frische Dezemberluft hilft wirklich, weil sie von links und rechts kalt an meine Wangen und mich damit wach schlägt. Sie lässt mich einsehen, dass ich für mein Schamgefühl selbst verantwortlich bin. Mir geht es schließlich nicht wegen der spontanen Sexdates, nicht wegen Ian oder Grindr schlecht. Spontaner Sex kann und sollte Spaß mache, Ian war eigentlich ziemlich nett, und die App kann man richtig nutzen für das, was man sucht. Das Problem liegt bei mir. Ich habe nicht richtig gesucht, mir war egal, wer die Person war und wie der Sex, weil es mir nicht um Verlangen und Lust ging. Ich wollte mich und meinen Körper bestrafen und genau wie mit dem Alkohol verletzen. Gerade bin ich mir wirklich nicht viel wert, und den Selbstzerstörungsknopf habe ich bestimmt schon vor einem Monat gedrückt.

Als ich in der U8 sitze, schaue ich jetzt wieder andere

Menschen an und sehe fröhlichere Gesichter, weil ich mittlerweile nicht mehr wie noch auf der Kastanienallee davon ausgehe, dass mich die anderen mustern, obwohl ich immer noch nicht geduscht habe. Weil mich das Eingeständnis doch ein bisschen befreit hat, wie die Flasche Rotwein Bridget Jones. »Ich bekomm das wieder unter Kontrolle, wenn ich mich besser behandle«, denke ich jetzt, da fährt es mir wieder in den Magen. Ich schaue nach unten, atme tief ein, doch die Schuhreihe vor mir verschwimmt augenblicklich in einem Kristallmeer, und alles wird schwarz.

»Bitte einsteigen!«, schallt es von den Lautsprechern durch meinen Kopf, da tritt mich ein Adrenalinschub aus dem Ozean hoch. Ich werfe mich durch die Passagiere und stoße mich aus der Bahn.

Am Alexanderplatz greife ich jetzt an meine Flanken, über die kalter Schweiß läuft, und versuche meinen Kopf hochzuhalten, der sich gerade immer wieder nach unten senkt. Wir haben kein Kondom benutzt.

#18 Bin ich beziehungsunfähig?

»Du schaffst das«, sage ich, als ich aus der Dusche steige und mich im Badezimmerspiegel betrachte, und ich sage es mir wie ein Mantra noch zwei weitere Male vor, weil ich in einem Onlineartikel gelesen habe, dass solche Autosuggestionen wirklich funktionieren würden: »DU schaffst das! DU SCHAFFST DAS!« Währenddessen schmiere ich mir dicke Pomade in die Haare und fettige Nivea-Creme ins Gesicht. Heute brauche ich eine Rüstung für meine Haut und mich. Nicht nur, weil es draußen eisig kalt ist. Heute ist für Singles schließlich der schlimmste Abend des Jahres. Es ist nicht Weihnachten oder Valentinstag. An Weihnachten entsteht der Stress nicht aus dem Alleinsein heraus, sondern aus dem Zusammensein, und um den Valentinstag macht in meinem Kreis niemand wirklich einen Wirbel, das erledigen allein Floristen, Supermärkte und Radiosender. Heute ist Silvester und damit das Fest, das Singles am ehesten in Sinnkrisen wirft, weil es eine War-Ist-Soll-Analyse des

Lebens heraufbeschwört. Für einen Moment blickt man dann zurück in die Vergangenheit, wen man im letzten Jahr verloren oder gewonnen hat, welche Liebe gebrochen ist und welche neu aufblühte, man bleibt kurz in der Gegenwart, fragt sich, wo man gerade für sich, im Job und in einer Beziehung steht, und schaut am Ende in die Zukunft und rätselt, wo es hingehen könnte. Mit diesem Wissen im Hinterkopf laufen Paare um 24 Uhr auf sich zu, küssen sich in Zeitlupe und betrachten das Feuerwerk, das am Nachthimmel wie die eigene Liebe in schönstem Purpur funkelt. Lippen auf Lippen, Arme in Armen erfreuen sie sich dann, dass sie sich dieses Jahr gefunden oder noch mehr lieben gelernt haben, dass sie jetzt gerade in diesem Moment so gut harmonieren, und blicken gemeinsam in die Zukunft. Daher ist Silvester auch der Abend, an dem selbst dem kritischsten Partner nach einer halben Flasche Prosecco rausrutscht, ob man im kommenden Jahr nicht vielleicht doch heiraten solle, obwohl die Institution an sich ja total veraltet ist, oder Kinder schon eine Option wären, auch wenn die verdammt teuer sind. Na ja, und Singles, die finden sich um Mitternacht auch und umarmen sich, aber zumindest für mich ist es nicht dasselbe. Ich fixiere mich da zu stark auf die anderen. An Silvester werde ich selbst auf Beziehungen neidisch, die ich sonst ganz schrecklich finde. Die haben ja immerhin zu sich gefunden.

Natürlich weiß ich, dass es schwachsinnig ist, wie sehr ich mich in diesen Abend reinsteigere, aber ich kann es einfach nicht abschütteln. »Julius«, denke ich jetzt, als ich meinen Rücken mit einem Handtuch abtrockne. »Du schaffst das!«, wiederhole ich das Mantra wieder und greife über meine Schulter, da bleiben meine Fingerspitzen an einem Haar hängen. Ich umfasse es mit den Nägeln, zupfe es heraus und halte es in meinen Blick. Es ist dunkel, kraus und bestimmt sechs Zentimeter lang. »Okay, kein Grund zur Panik. Das ist nur ein geringfügiges Hindernis, das du mit dem Rausreißen auch eigentlich schon überwunden hast«, spreche ich jetzt wieder mit meinem Spiegelbild.

»Ich bin mir sicher, hier wurde eingebrochen!«, rufe ich zu meinem iPhone auf dem Bett, über das ich kurz darauf mit Alisha telefoniere.

»Was?«, ruft sie erschreckt.

»Klar! Jemand muss hier eingebrochen sein und mir das Haar heimlich im Schlaf implantiert haben!«

»Du bist manchmal echt drüber«, lacht Alisha.

»Was soll ich sagen? Alternativ müsste das Haar dort über Monate, was sage ich, Jahre gewachsen sein, und das ist ja nun wirklich nicht realistisch«, rufe ich weiter, während ich versuche, meinen Kopf durch den Hemdkragen zu pressen, der viel zu eng ist, weil ich vergessen habe, die oberen Knöpfe zu öffnen.

»Du spinnst«, höre ich sie jetzt nur dumpf, weil ich im Hemdzelt festhänge.

»Ich glaube, ich brauche echt einen Bodyguard.« Jetzt schreie ich fast, damit sie mich hören kann, und ergänze: »Aber nicht Kevin Costner, sondern …«

»Richard Madden«, unterbricht sie mich, weil ich vom Schauspieler schon in unseren letzten Telefonaten geschwärmt habe. »Dir ist schon bewusst, dass der als Bodyguard eher versagt hat«, sagt sie. Sie will mich ärgern.

»Comme ci, comme ça!«, puste ich jetzt heraus, weil ich es doch noch geschafft habe, meinen Dickschädel durch die Hemdöffnung zu drücken.

»Ich finde es ja gut, dass du deinen Humor zurückhast.« Jetzt wird sie ernster. »Geht es dir denn besser so insgesamt?«

»Ja.« Ich nehme das Telefon in die Hand. »Mir geht es echt besser. Du musst dir also keine Sorgen machen. Und Nummern von potenziellen Serienmördern werde ich dir in den nächsten Wochen erst mal nicht mehr schicken. Ich fokussiere mich jetzt auf Julius.«

»Na, dann wünsche ich Ihnen einen wunderbaren Abend, Monsieur«, sagt Alisha beruhigt, ich wünsche ihr auch einen, wir legen auf, und ich schmeiße das iPhone aufs Bett, während Spotify wieder einsetzt und Dua Lipa über den Bose-Lautsprecher schickt.

Über die Weihnachtszeit habe ich mein Mojo wiedergefunden. Zumindest ein Stück weit. Wo ich mir noch vor ein paar Wochen überlegt habe, was passieren würde, wenn ich einen Waschmaschinen-Pod äße, und mich gefragt habe, ob mein Kopf wohl genauso zerplatzen würde wie eine Melone, wenn ich auf die Straße fallen und ein Auto über ihn drüberfahren sollte, bin ich jetzt wieder mehr bei positiven Gedanken gelandet. Bis auf die ganze Silvestersache zumindest. Und U-Bahn-Fahren. Das fällt mir nach der Panikattacke noch schwer. Aber das habe ich auch im Griff, also so, wie man das im Griff haben kann. Verantwortungsvoll und ein bisschen übervorsichtig bin ich für einen HIV-Test angemeldet, der auf sechs Wochen nach dem letzten One-Night-Stand getaktet ist, und das Taxi, das mich gleich zu Toni und Pia bringt, ist auch schon bestellt. Jetzt mustere ich mich noch mal im Spiegel. Geldbeutel, iPhone, Schlüssel, Zigaretten, Taschentücher, Smint. Raus. »Du schaffst das!«, sage ich im Aufzug wieder und muss noch im selben Moment an etwas denken, das meine Urgroßmutter immer gesagt hat: »Kopf hoch, auch wenn der Hals dreckig ist.« Ach Mist, ich habe den Wein vergessen.

Im Taxi läuft klassische Musik, was mich noch mal mehr runterkommen lässt, also halte ich mir eine weitere innerliche Motivationsrede: »Ja, du bist gleich der einzige Single auf der Silvesterparty, na ja, bis auf Pia, aber die zählt nicht, weil sie sicher einen breitschultrigen Kandidaten für später auf Kurzwahl hat, aber – das ist kein Problem, solange du keine War-Ist-Soll-Analyse startest und du dich von den anderen Paaren nicht wie das letzte Einhorn vom roten Stier ins Meer treiben lässt. Aber dem bist du gewachsen.« Die Silvesterparty bei Toni und Pia findet in einem kleinen Kreis am Maybachufer statt. Das weiß ich, weil ich mich schon bestimmt dreimal bei den beiden abgesichert habe, wer kommt. Bloß keine Überraschungen, dachte ich. Nicht an Silvester. Die Gästeliste, die ich abgesegnet habe, sieht daher wie folgt aus: Toni und ihr Freund Johannes, Henry und seine Laufpartnerin/Freundin Lena, Pia und ein weiteres Pärchen, das mit den beiden befreundet ist.

»Ist das Bach?«, unterbreche ich meine Gedanken im Moment, weil mir das Stück bekannt vorkommt.

»Ja, ist es. Gutes Gehör!«, antwortet der Taxifahrer beeindruckt.

»Danke. Es ist wohl doch etwas hängen geblieben.«

Als ich in der WG ankomme, läuft erst mal alles wie immer ab. Wie immer bin ich der letzte Gast, der ankommt, wie immer merke ich mir die Namen des neuen Pärchens beim ersten Umarmen nicht, weil ich im Moment so darauf konzentriert bin, meinen eigenen Namen richtig zu sagen, und wie immer stoßen wir an, einmal, zweimal und dann bei jedem noch so kleinen Toast. Das gibt mir direkt ein wohliges Gefühl von Zuhause. Über die ersten Stunden des Abends schlage ich mich so echt gut. Ich höre dem Pärchen ohne Namen für bestimmt eine halbe Stunde zu, in der sie über ihren fantastischen Backpacking-Trip durch Sri Lanka erzählen, obwohl ich schon nach ein paar Minuten aussteigen will, ich freunde mich mehr mit Johannes an, philosophiere mit ihm über Marvel-Superhelden, weil wir uns beide als Nerds outen, und ich esse mir mit Minipizzen eine ordentliche Grundlage an.

»So, Toni, du, ich, jetzt, quatschen«, zieht mich Pia nach meiner sechsten Minipizza abrupt in das kleine Badezimmer der WG, in dem Toni schon auf der Toilettenschüssel sitzt.

»Und was hältst du von Johannes?«, fragt die jetzt ganz aufgeregt, während Pia die Tür hinter uns schließt.

»Ich find ihn echt cool. Auch wenn er Fan von Tony Stark ist.«

»*Game of Thrones?*«

»*Avengers,* aber stimmt, über *GoT* sollte ich auch mal mit ihm quatschen.«

»Das freut mich«, nickt sie, zieht ihre Hose hoch und wechselt Plätze mit Pia.

»Was ist denn gerade bei dir so los, Jules?«, fragt Pia, während sie sich jetzt auf die Schüssel setzt.

»Ach, keine Ahnung. Eigentlich geht es mir ganz gut. Aber natürlich habe ich mich nach diesem Jahr schon mal zwischendurch gefragt, ob Michael Nast nicht vielleicht doch Recht hat mit seiner scheiß These. Vielleicht bin ich doch auch einfach beziehungsunfähig?«

Augenblicklich schnauft Pia wütend heraus, und für einen Moment fürchte ich, dass sie noch im Pinkeln aufsteht und mich würgt. »Julius, sei doch bitte nicht so gewöhnlich!«, sagt sie jetzt scharf.

»Gewöhnlich?«, wiederhole ich erschrocken, da springt Toni von der Seite ein.

»Pia meint damit nur, dass du ganz sicher nicht beziehungsunfähig bist«, sagt sie und packt mich an den Schultern.

»Ja, verdammt noch mal! Du bist nicht beziehungsunfähig, aber über deine Suche sollten wir echt mal sprechen«, pustet Pia weiter und zieht sich ihre Hose hoch.

»Machen wir wirklich eine Intervention an Silvester? In diesem viel zu kleinen Badezimmer?« Nun bin ich in der Defensive.

»Du hast Recht, wir brauchen mehr Platz«, sagt sie,

dabei habe ich das eher als Scherz gefragt. Pia zieht ihren Lippenstift nach, nimmt ihre Schminktasche und meine Hand und zieht mich in ihr Zimmer, das heute als Jackenraum genutzt wird.

»Also ihr zieht das jetzt echt durch?«, frage ich immer noch perplex und setze mich aufs Bett.

»Na, nicht als Intervention, aber lass uns doch mal kurz drüber reden.« Toni fährt an der Tür durch ihre brünetten Haare, dann ruft sie »Henry« herbei, der schon im Gang bereitsteht.

»Wir haben letztens einfach mal gequatscht und hatten alle ein paar Ideen, die dir weiterhelfen könnten, die wollten wir mit dir teilen«, fängt Toni in einer sanften Stimmlage an, als wir einen Moment später zu viert in einem Kreis auf Pias Bett sitzen. Das Ganze fühlt sich jetzt doch verdächtig nach einer Intervention an.

»Ich fang mal an«, startet Pia nun auch in einem ruhigeren, diplomatischen Ton. »Also erstens: Deine Suche, die war ein bisschen irre«, platzt es dann doch aus ihr heraus. »Da ist schon so ein bisschen die Torschusspanik mit dir durchgegangen.«

»Torschlusspanik«, korrigiere ich. Henry nickt: »Torschlusspanik.«

»Okay, ist ja auch egal, die Torschlusspanik ist halt mit dir durchgegangen. Und da ist uns allen aufgefallen, dass du in diesem Wahn vielleicht gar nicht so sehr danach suchst, wen du lieben kannst …«

»Sondern, dass es für dich einfach super wichtig ist, jemanden zu finden, der dich liebt. Wir glauben halt, dass das dein eigentliches Ziel ist: geliebt zu werden«, ergänzt Henry.

»Was ja auch nichts Schlimmes ist«, sagt Toni jetzt und fährt sich wieder durch die Haare. Das macht sie immer, wenn sie nervös ist. »Du hast halt gewisse Defizite in Sachen Liebe, und Mangelerscheinungen, weil du dich in der Vergangenheit immer wieder vor Menschen gestellt hast, sie gebeten hast, dich zu lieben, und sie haben das nicht erwidert. Die Arschlöcher in der Schule, in Teenagertagen deine Brüder, dein Papa, die ersten Crushes in Berlin. Der Ire hat dir das nie zurückgesagt. Also geht es dir jetzt vielleicht mehr darum geliebt zu werden, als zu lieben. Was wie gesagt, gar nicht schlimm ist.«

Mein Blick ist mittlerweile nur noch gerade auf die karge Wand des Zimmers gerichtet, weil ich nicht so recht zuordnen kann, ob das Gespräch mir gerade hilft oder ich alle und alles daran hasse.

»Kein Wunder, dass du Liebesgeständnisse wie in *Notting Hill* so idealisierst …«

»Aber«, sagt Pia jetzt. »Da kommen wir zu dem Zweitens und erst mal zu etwas echt Gutem. Am Anfang hast du in deiner Suche richtig gut aussortiert. Der Typ war ein Narzisst? Du hast ihn nicht weiter getroffen. Der Mann ist in einer offenen Beziehung? Auch raus! Familienvater? Dito. Aber dann, und das ist die Sache, gibt es halt so einen Typ Mann, bei dem landest du immer wieder und in den verliebst du dich dann auch wirklich. Der Ire war so einer und die Husky-Augen auch. Das ist ein Typ Mann, der deine Achillesferse ist. Ich weiß, ihr nennt diese Männer Streuner, aber wir brauchen echt mal einen neuen Namen für die, weil das sind keine Hunde, denen du einen Gefallen tust, wenn du sie aufnimmst. Dafür solltest du wirklich einen Hund aus dem Tierheim retten, was du ja eh machen willst. Diese Männer, das sind die, die beziehungsunfähig sind!«, sagt sie, da übernimmt Toni: »Irgendwas zieht dich halt zu denen. Dabei zeigen die dir eigentlich am Anfang schon, dass sie nicht die Richtigen sind. Die sagen dir schon in den ersten Dates, dass sie konfliktscheu sind, nie heiraten wollen oder nicht wissen, was sie wollen. Und die hatten noch kein Coming-out, die lieben sich gar nicht selbst, und vielleicht zieht dich das auch an, weil du dich damit manchmal auch schwertust.«

»Wir haben einfach Angst, dass du die anderen, die gut für dich wären, gar nicht wahrnimmst, weil du dich so sehr auf die Beziehungsunfähigen fixierst, weil das ein Typ Mann ist, der dir vertraut ist. Am Ende sind die nämlich nur Abziehbilder der Arschlöcher aus der Schulzeit, deines Papas, wie er früher zu dir war. Auch wenn die neue Augenpaare haben, sind das wieder die Gleichen, die sich mit dem Lieben schwertun«, ergänzt Henry und rutscht im Schneidersitz ein Stück zu mir.

»Bei denen gibt es leider gar nicht die Chance, dass die dich zurücklieben«, sagt Pia jetzt in versöhnlichem Ton. »Und wir lieben dich so sehr. Wir wollen, dass du von deinem Mann so gesehen wirst, wie wir dich sehen.«

»Nicht dass du irgendwann noch mit Michael Nast nach Hause kommst«, sagt Henry jetzt. Und mein Gesicht, das sich über die letzten Minuten verkrampft hat, wird endlich wieder weich, und ich muss herauslachen.

»Ich glaube, ich brauche kurz einen Moment für mich. Wobei, Toni, kannst du bitte bleiben?«

Nachdem die anderen beiden das Zimmer verlassen haben, sitzen Toni und ich eine ganze Weile nur still nebeneinander.

»Sorry, dass wir dich damit so überfallen haben«, flüstert sie und legt ihren Kopf auf meine Schulter. »Wir dachten, du magst die Dramatik vielleicht sogar.«

»Ich mein, es ist ja nicht so, als hätte ich mir vieles davon nicht auch schon mal gedacht.« Meine Augen werden wässrig. »Aber ja – es war wahrscheinlich mal wichtig, das ausgesprochen zu hören.«

»Wir sind auf jeden Fall alle für dich da. Selbst wenn du nächstes Mal wieder einen Beziehungsunfähigen anschleppst.«

»Du weißt schon, dass du mich ab jetzt den ganzen Abend mit Gin Tonics versorgen musst«, sage ich und wische mir über die Augen.

»Ich mach dir einen, okay?«, sagt Toni, rutscht die Bettkante runter und läuft aus dem Zimmer. Ich bleibe noch eine Weile alleine auf dem Bett sitzen, wische noch mal über meine Augen, aber ich bin überraschend gefasst, und irgendwie fühle ich mich sogar befreit. Nicht nur war es wirklich wichtig, dass das mal ausgesprochen wurde, ich trage die Last nicht alleine. Mit den dreien habe ich Menschen an meiner Seite, die sich um mich kümmern, die sich sorgen und die mich echt lieben. Wir sind nicht beziehungsunfähig.

Als wir eine Stunde später alle zusammen unten am Maybachufer stehen, um das Feuerwerk zu sehen, hat sich fast eine Ruhe in mir eingestellt, als würde ich die Böller und Raketen leiser hören und meine Atmung lauter. So fixiere ich mich um Mitternacht gar nicht auf die anderen Paare. Ich sehe zwar, wie Lippen aufeinandertreffen und Arme in Arme greifen, aber ich bin gerade gar nicht neidisch, weil ich bei mir bin. Zumindest bis Toni auf mich zurennt und mich mit ihrer Umarmung fast umschmeißt, und Henry und Pia zu uns taumeln.

»Ich weiß es einfach, Julius«, sagt Henry euphorisch. »Dieses Jahr kommt jemand, der dich nach ein paar Wochen nach Capri entführt.«

»Der mit dir in ein schreckliches Musical geht«, stimmt Pia mit ein.

»Und dir zum Geburtstag ein Kuscheltier schenkt«, lacht Toni. Pia rollt die Augen. »Sonst musst du halt mit uns klarkommen. Wir schaffen das!«, ruft sie jetzt und initiiert eine Gruppenumarmung.

»Okay, okay«, winde ich mich nach ein paar Sekunden aus der Umarmung. »Ich habe es ja verstanden. Aber das wird mir jetzt echt zu kuschelig«, lache ich, mache einen Schritt zurück und schaue in den Himmel, der in allen Farben aufleuchtet. »Ach man«, denke ich. »Ich wollte Silvester doch echt nicht mögen.«

#19 Ist er der Eine?

Ich stehe unter der Glaspyramide des Louvre und schaue nach oben in die Lichtreflexionen. Um mich herum huschen Menschen in Gruppen, die jeweils von einem Guide mit Fähnchen geführt werden. Ich aber stehe alleine in der Mitte und schaue mich um, bis ich nach ein paar Minuten auch zu einer Gruppe gehören will. Um mich anzumelden laufe ich also zu einem der Informationsstände und stelle mich in eine Schlange, in der schon eine Frau und ein Mann stehen. Hinter den beiden warte ich eine ganze Weile. Als ich langsam ungeduldig werde, tippt mich jemand auf der Schulter an. Ich drehe mich um, und für einen Moment erkenne ich die Person nicht, die getapst hat. Sie hat einen dichten Dreitagebart, leicht rötliche Haare und sieht schmächtig aus. Ich schaue in die braunen Augen, und jetzt erkenne ich die Person, und ich erkenne die Augen wieder. Der Ire steht hinter mir in der Reihe, sagt »Hallo, Kleiner«, umarmt mich und küsst jeweils einmal an jeder meiner Wangen vorbei. Und während er fragt, was ich hier machen würde, schrecke ich hoch und reiße die Augen auf.

»Das ist ja verrückt«, sagt Henry, als ich ihm am Mittag darauf übers Telefon von meinem Traum erzähle.

»Ja, voll. An die Husky-Augen habe ich schon eine ganze Weile nicht mehr gedacht, aber der Ire taucht immer wieder auf. Ich wünsche mir echt die Träume zurück, die ich davor hatte, in denen ich zum 134. Mal meine Abiturprüfung nachholen musste oder einen Streit mit einer Freundin durchspiele. Da wusste ich nach dem Aufwachen wenigstens, dass das schon in der Vergangenheit liegt und allein mein Unterbewusstsein noch ein bisschen nachhängt.«

»Also ist das mit dem Iren so nie passiert?«

»Natürlich nicht. Ich weiß gar nicht, was mir mein Gehirn damit schon wieder sagen will. Oder ob es mir überhaupt etwas sagen will. Vielleicht habe ich in der Trennungsphase auch einfach zu viel Lorde gehört. Die hat so einen Song, der The Louvre heißt.«

»Puh, da kann ich dir auch nicht weiterhelfen. Vielleicht liegt es auch am Januar. Das ist insgesamt ein komischer Monat, da stellen die Synapsen schon mal absurde Verbindungen her.«

»Stimmt«, denke ich, als ich nach dem Auflegen lustlos in meinem Caesar-Salat stochere. Der Januar ist ein komischer Monat. Auch wenn das Feuerwerk und die guten Vorsätze längst vergessen sind, hat man den Monat über das Gefühl, dass jetzt etwas anders sein müsste als noch im Jahr und den Monaten davor. Dass sich etwas bewegen müsste. Doch wenn man aus dem Fenster nach draußen blickt, ist es da einfach nur ziemlich dunkel und ungemütlich, und kaum etwas bewegt sich. Weder Mensch noch Weihnachtsschmuck. Alles wirkt fast statisch, als hätte sich die Welt noch mal wie ein Igel für den Winterschlaf zusammengerollt. Stacheln nach außen. Kein Wunder, dass die meisten Reality-TV-Shows im Januar starten. Dieser unbeweglichen Trostlosigkeit muss man ja irgendwie entfliehen. Selbst, wenn es mit *Der Bachelor* ist.

Panisch lenke ich meinen Fiat 500 auf den Seitenstreifen der Autobahn, aus dessen Motorhaube gerade dicke, weiße Rauchwolken drängen. Ich steige aus, öffne die Haube, und noch größere Wolken kommen mir entgegen und steigen zum Himmel auf. Weil ich nicht weiß, wie man da etwas reparieren könnte, gehe ich erst mal zum Kofferraum, ziehe die reflektierende Weste über und hole das Warndreieck heraus, das ich ein paar Meter weiter vorne aufstelle. Dann wische ich durch die Kontakte meines Smartphones auf der Suche nach einer Nummer, die mir weiterhelfen könnte. »Hätte ich doch nur mal eine Mitgliedschaft beim ADAC abgeschlossen«, ärgere ich mich. »Ob ich den Lehrer Louis anrufen sollte?«, denke ich, da erscheint eine Person vor mir. Durch den Qualm erkenne ich sie erst gar nicht, dann sehe ich sie besser. Die Person hat einen Dreitagebart und rötliche Haare. Erst beim zweiten Blick, als sie vor mir steht, erkenne ich sie wieder. »Hallo, Kleiner!«, sagt der Ire und fragt, was ich hier mache. Ich schrecke hoch und reiße die Augen auf. Es war wieder nur ein Traum.

Es vergeht eine Woche, in der mich der Ire in jeder einzelnen Nacht wieder besucht. Der Ablauf der Träume ist dabei immer derselbe. In jedem Traum bin ich irgendwo gestrandet und warte auf etwas, bis plötzlich wie aus dem Nichts eine Person erscheint. Dass es sich um den Iren handelt, merke ich aber erst nach einem kurzen Moment. Es sind schließlich nie vertraute Situationen. Keine, die wir wirklich mal gemeinsam durchlebt haben. Die Träume fühlen sich eher an wie Zukunftsvisionen.

»Das ist ja nun wirklich nicht überraschend«, sagt Amelie, als wir am Dienstag nach der Chorprobe bei einer Weißweinschorle zusammensitzen. »Du dachtest halt immer, dass der Ire der Eine wäre. Der, der es hätte sein sollen. Bis dass der Tod euch scheidet und das ganze Ding. Er ist eben dein *The One That Got Away.*«

»Ja, das ist er, oder das war er bisher zumindest«, bestätige ich und trinke einen Schluck.

»Vielleicht brauchst du einfach noch mal ein Treffen mit ihm, bevor du deinen Neustart wirklich schaffen kannst. Einen richtigen Abschluss und eine Erinnerung, dass er nicht der Eine ist, dass das immer noch nicht passt und nie passen wird. Meinen ersten Freund musste ich nach ein paar Jahren auch noch mal wiedersehen. Nach dem Treffen war er dann auch aus meinem System raus.«

»Hast du mit dem nicht danach noch mal geschlafen? Das ist gar nicht so lange her.« Ich ziehe eine Augenbraue hoch.

»Ja, aber das ist eine andere Geschichte«, grinst sie und streckt ihr Glas in die Höhe.

Noch am selben Abend setze ich mit Amelies Hilfe eine Nachricht für den Iren auf. Ich hätte letztens bei einem Buch an ihn gedacht und würde ihn mal gerne wiedersehen, schreibe ich. Dass das mit dem Buch Quatsch ist, wird er zwar gleich durchschauen, aber das mit den Träumen muss ich ihm nun wirklich nicht erzählen, und irgendeinen Grund brauche ich ja schon.

Ich treffe den Iren am Wochenende darauf am Maybachufer. Es ist ein sonniger Tag, und so haben wir uns für einen Mittagsspaziergang entschieden, was mir ganz lieb ist. »Nur keinen Alkohol mit ihm trinken, sonst fällt man noch schneller in alte Muster zurück. Heute bleibe ich wachsam«, dachte ich. Weil ich seit dem Aufstehen unheimlich aufgeregt war, bin ich ausnahmsweise mal früher da als verabredet, und so wiederholt sich der Traum jetzt in echt. Ich stehe vor der Ankerklause, einer Art Hafenbar an der Kottbusser Brücke, und wische mich durch die Storys auf Instagram, da tippt er mich an. Ich schaue hoch und blicke in einen dichten Dreitagebart und leicht rötliche Haare, und für einen Moment erkenne ich ihn fast nicht wieder. Als wir zusammen waren, hat er nämlich noch keinen Bart getragen, obwohl ich schon immer wusste, dass ihm der ganz fantastisch stehen würde. Außerdem sieht er wirklich etwas schmächtig aus. Entweder er ist noch magerer geworden oder ich noch breiter. Ich entscheide mich für Ersteres und mustere ihn noch etwas mehr. Sein Kleidungsstil ist besser als noch vor zwei Jahren. Ob er sich meine Tipps und das Wegwerfen seiner alten Socken zu Herzen genommen hat? Jetzt steht er in einem dunkelblauen Wintermantel vor mir, der auch einem Schiffskapitän gehören könnte, und Stiefeln von Timberland. Warum sieht er so gut aus? Ist es das Junggesellendasein, das ihn noch mal mehr strahlen lässt? Und warum erinnert er mich denn heute so stark an Jamie Dornan?

»Und, Kleiner. Wollen wir losgehen?«, unterbricht er mich jetzt in diesem unwiderstehlichen irischen Akzent.

»Ay ay, Captain!«, hebe ich meine Hand an den Kopf wie bei einem militärischen Gruß und schaue in seine braunen Augen. »Let's go.«

Als wir den Weg am Ufer entlangschlendern, kommen nach einer Weile die Dinge durch, die sich nicht geändert haben. Wir sind locker miteinander, wissen in den Gesprächen, was der andere sagen möchte, und sprechen das dann gleichzeitig auch aus. Die Vertrautheit ist so unvermittelt zurück, als wären gerade mal ein paar Tage seit unserem letzten Treffen vergangen. Für einen Moment macht mir das dann auch ein bisschen Angst, wie sehr wir noch synchronisiert sind, weil ich so unheimlich leicht in das Gefühl der Zweisamkeit mit ihm rutsche und dieses Gefühl schließlich Fragen an die Oberfläche blubbern lässt, die lange nicht mehr da sein sollten. Fragen wie »Sollte ich nicht doch mit ihm zusammen sein?« Während er jetzt wild gestikulierend von seiner letzten Partynacht erzählt, rutscht der rechte Ärmel seines Mantels ein Stück weit nach oben, und ich sehe diese Ader, die sich von seiner Hand nach oben zieht. Von der ich weiß, dass sie sich bis in seine Kuhle zieht. Das macht es nicht gerade einfacher. Hallo sexy Freund, dich habe ich besonders vermisst.

»Hast du eigentlich immer noch Angst mit den Schwänen?«, fragt er nach einer halben Stunde, weil über den Landwehrkanal gerade ein ganzer Schwarm gleitet.

»Klar habe ich noch Angst. Mit den Jungs ist nicht zu spaßen, die können richtig gefährlich werden. Es gibt da so ein YouTube-Video, wenn du dir das anschaust, hast du danach auch Angst.«

»Ach, du«, grinst er und packt mich an der Schulter, und im selben Moment verlangsamt sich meine Atmung. »Arschlochkörper«, denke ich und atme heraus. Kann der nicht einfach verstehen, dass er den Iren abstoßend finden soll?

Wir laufen noch eine ganze Weile am Ufer entlang, und nach den Anekdoten zum Aufwärmen quatschen wir jetzt auch über Dinge, die uns wirklich bewegen. So erzähle ich ihm jetzt vom neuen Schreiberjob, den ich nach unserer Trennung angefangen habe, und wie sehr mir der Spaß macht, und ich teile auch meine Fast-Beziehung mit den Husky-Augen. Während der Geschichten nickt er, grinst, lacht, und immer mal wieder berührt er mich an der Schulter. »Kann er jetzt mal aufhören, so blöd vertraut und verständnisvoll zu sein?« Meine Gedanken werden von Minute zu Minute lauter. Stattdessen sagt er am Ende der Husky-Augen-Story: »Das tut mir leid, du bist ja so ein Guter!« Jetzt schreit meine innere Stimme richtig: »Fuck ein Guter sein! Du hättest der Mann an meiner Seite sein können. Mann! Du könntest es wahrscheinlich gerade wieder sein, würdest du nur ein paar Zauberworte sagen und zack! Und das nur wegen der dummen Vertrautheit und wegen diesem idiotischen, spitzbübischen Grinsen und dieser beschissenen Ader!«

Nachdem wir über die Brücke der Glogauer Straße auf die andere Seite gelaufen sind, um am Paul-Lincke-Ufer zurückzugehen, habe ich mich wieder etwas beruhigt. Jetzt ist der Ire mit dem Teilen dran. Er erzählt mir, dass er noch eine ganze Weile in dem Job geblieben ist, der ihn früher schon nicht richtig happy gemacht hat, und dass er nach mir keine feste Beziehung mehr hatte. Aber das stelle er sich gerade auch gar nicht vor, sagt er dann. Sowieso plane er jetzt, erst mal in eine andere Stadt zu ziehen. Ob er zurückkommt, das sei noch nicht fest. Nun bin ich die Person, die während der Geschichten nickt und lacht, obwohl er mir mit seinen Plänen einen Schlag in die Magengrube verpasst. Aber auch dazu grinse ich befürwortend, weil meine Stimmung über die Geschichten insgesamt besser wird. Es gibt schließlich richtig viele Dinge, die sich bei ihm nicht verändert haben, auch wenn er jetzt einen Dreitagebart trägt. Er ist immer noch rastlos und auf der Suche nach irgendetwas, das er gar nicht so recht benennen kann. Zumindest da sind wir wahrscheinlich gerade gar nicht so verschieden.

Als wir wieder vor der Ankerklause stehen, merke ich den Schlag in die Magengegend kaum noch, weil mir der Ire über die letzten Meter noch mehr gezeigt hat, dass wir beide im Gegensatz zu den Schwänen nicht in dieselbe Richtung schwimmen. Technopartys liebt er immer noch, für die stellt er sich auch mal ein paar Stunden in die Schlange, wenn es sein muss. Er tut sich immer noch schwer, Dinge langfristig zu planen, und entscheidet »einfach so, wie es kommt«, und die geschmacklose Unterhose mit dem aufgedruckten Gürtel, die ich eigentlich mal wegschmeißen wollte, besitzt er auch noch. Unter dem stilsicheren Äußeren trägt er sie sogar heute. Auch wenn das alles nur Kleinigkeiten sind, machen die es mir gerade leichter, denn sie lassen mich realisieren, dass der Ire auf eine komische Art genauso wie der Januar ist. Er hat sich schon ein bisschen verändert. So wie auf den Kalendern jetzt auch ein neues Jahr steht. Aber ansonsten ist da noch ganz viel gleich. Bei ihm und bei mir auch. Und wo ich für eine ganze Weile dachte, dass es bei uns einfach am Timing lag, dass es mit uns als Paar nicht geklappt hat, bin ich mir gerade sicher, dass auf unseren Kalendern nicht mal dasselbe Jahr steht.

Der Ire und ich laufen noch bis zur U-Bahnstation Schönleinstraße gemeinsam. Dort verabschieden wir uns. Wir umarmen uns lange und innig, und drücken uns richtig fest in den jeweils anderen rein, dann nimmt er die erste Stufe. Dann zwei, drei und vier. Auf der fünften Stufe dreht er sich noch mal um: »Wir sehen uns auf der anderen Seite, Julius!«

Ja? Ist das so?

Ein paar Tage später holt mich meine Vergangenheit erneut ein. Ganz will sie mich noch nicht loslassen. Ich sitze im Wartezimmer der Beratungsstelle für sexuelle Gesundheit, um meinen HIV-Test zu machen. Auch hier ist alles fast statisch. Die Bilder und Magazine und der Mief aus Angstschweiß und Linoleum. Nichts hat sich verändert. Als hätte man das Zentrum nach meinem letzten Besuch eingefroren, dabei ist der schon eine ganze Weile her. Das war nach der Trennung vom Iren. Ich habe mit ihm in der Beziehung irgendwann ohne Kondom geschlafen, und das, obwohl sich der Ire in seinem Leben noch nie hat testen lassen. Dumm und verliebt war das am Anfang. Später war es nur noch dumm, weil er auch während unserer Beziehung keinen Test machte, um mir die Sorgen zu nehmen. Als mich ein Mitarbeiter wenig später im Vorgespräch noch mal über die Risiken aufklärt, wird mir umso mehr bewusst, wie fahrlässig das damals war, und ich drifte augenblicklich in einen Tagtraum ab. Zu Yoda, dem Brusthaar und dem Geliebtwerden. »Mit dem Einen würde das nicht so passieren. Der macht einen HIV-Test. Einfach so, auch wenn es nicht notwendig wäre. Der schätzt mich mehr als das«, denke ich, da fragt der Berater: »Und, was denken Sie, wird das noch mal was mit dem Iren?«

»Nein«, sage ich. Entschieden. Da schaut er mich plötzlich irritiert an.

»Wie, nein?«, wiederholt er verwundert. Erstaunt schaue ich zurück, bis ich merke, was los ist. Das mit dem Iren hat er mich gar nicht gefragt, das war der Tagtraum. »Alles gut bei Ihnen?«, hakt mein Gegenüber daher jetzt sorgenvoll weiter nach.

»Alles gut, ich war gerade abgelenkt, sorry«, entschuldige ich mich und schüttle den Kopf.

»Okay, dann können wir ja weitermachen.« Er nickt. »Ich wollte gerade eigentlich nur wissen, was noch ein Übertragungsweg für das Virus wäre. Einer fehlt uns noch in der Sammlung. Da gibt es Blut, oral, anal …«, sagt er jetzt.

»Ach so«, antworte ich perplex und atme durch. »Vaginal.«

#20 Wie geht das mit dem Selbstliebe-Ding?

»Kannst du mir noch mal von dieser Lebensliste erzählen? Ich will mich jetzt doch mal an das Selbstliebe-Ding heranwagen«, bitte ich Toni übers Telefon, als ich das Beratungszentrum eine Woche nach meinem Test mit einem negativen Ergebnis und leichten Schultern verlasse.

»Meinst du: Mein Weg zum Glück?«

»Du weißt, wie sehr ich diesen Titel hasse und wie du das sagst. Mehr als Zugaben bei einem Live-Konzert! Das erinnert mich so sehr an Schamhaarfrisuren«, lache ich.

»Deswegen sage ich es ja so«, lacht sie zurück, bevor sie mit der Erklärung der Liste anfängt. Die Liste war eine Idee ihrer Therapeutin. Wie eine To-do-Liste besteht Tonis neue Liste aus Punkten, die sie erfüllen will. Nur, dass diese Punkte nicht so einfach sind und schnell erledigt werden können wie Toilettenpapier zu kaufen. Die meisten der Punkte auf ihrer neuen Liste sind Dinge, die sie schon länger unglücklich machen oder die sie zumindest glücklicher machen würden, wenn sie sie endlich anginge. Das Ziel ist also so einfach wie schwer: sich bewusst werden, was man zum eigenen Glück benötigt, und danach greifen. Schluss mit dem Warten, dass sich alles von selbst löst.

»Was ist denn zum Beispiel ein Punkt, der auf deiner Liste steht?«, frage ich sie jetzt.

»Du sollst doch nicht abschreiben, Jules«, bezichtigt sie mich durch den Hörer.

»Das habe ich noch nie gemacht!«

»Na, ich will mir zum Beispiel ein Hobby suchen, das ich nur für mich alleine mache. Das hatte ich bisher noch nicht, und darum beneide ich andere.«

»Okay, ist aufgeschrieben!«

Bisher hat mich der Selbstoptimierungstrend, wie er mir tagtäglich auf Instagram, Facebook und Co. begegnet, immer abgeschreckt. Gar nicht, weil ich es falsch finde, besser auf sich zu hören, für sich selbst und andere achtsamer zu leben oder sich mehr zu bewegen. Was mich stört, ist das »Muss«, das es in jeder der Anzeigen, Artikel und Memes gibt. Der erhobene Finger. Wenn du gesünder leben willst, musst du auf Kohlenhydrate verzichten. Und auf Gluten. Und Zucker auch. Wenn du fitter werden willst, musst du dreimal die Woche ins Studio. Du musst deinen Schweinehund überwinden und deinen fetten Arsch vom Sofa bewegen. Wenn du geliebt werden willst, musst du dich erst einmal selbst lieben. Du musst nach Perfektion streben und die beste Version von dir selbst werden. Du musst! Und dann, wenn einem schon richtig schlecht ist, weil man weiß, dass man diesen Anforderungen nie gerecht werden kann, macht das Internet plötzlich eine Kehrtwende und dreht sich noch mal in die andere Richtung, zur Selbstakzeptanz. So wie eines dieser wilden Fahrgeschäfte auf dem Volksfest. Ganz nach dem Motto »Neue Reise, neue Runde, steigen Sie ein und ohne Gleichgewichtssinn wieder aus«: Wenn du ein paar Kilo zu viel hast, musst du deinen Körper auch oder am besten dann erst recht lieben. Du musst deine Falten klasse finden, die bringen deine Persönlichkeit ja erst so richtig zum Scheinen. Akne und Cellulite auch. Für mich baut dieses Hin und Her mehr Druck auf, als dass es hilft. Die Strömungen geben mir schließlich das Gefühl, dass ich alles und nichts und beides gleichzeitig sein müsste. Und während die Leute in den sozialen Medien dann »Einer geht noch! DAS IST UNSERE ZUSATZRUNDE!« ins Mikrofon des Karussell-Häuschens rufen, würde ich am liebsten »Nein, geht er nicht!« zurückschreien. Entscheidet euch mal!

Trotzdem habe ich mir nach der Intervention über die letzten Wochen einige der großen Fragen gestellt, die ich sonst so gekonnt umgangen bin. Wie wird man mit sich alleine happy? Wie geht das mit dem Selbstliebe-Ding? Und vor allem: Wie geht das für mich? Ohne Spinning, Superfoods und ein Bullet Journal. Nach dem Telefonat mit Pia tippe ich daher in der U-Bahn drei Punkte in meine iPhone-Notizen, die ich angehen will. Erst mal drei. Man muss sich schließlich nicht direkt übernehmen. Als ich mit der Liste fertig bin, texte ich im selben Moment Amelie, weil sie mir mit dem ersten Punkt aushelfen soll und auch einfach aus der Angst heraus, dass ich nichts davon angehe, sollte ich das Smartphone jetzt wieder in die Tasche packen. Amelie macht dreimal die Woche Yoga und startet bald ihre eigene Ausbildung zur Lehrerin. Die perfekte Ausgangssituation also für Punkt 1 meiner Liste: »Irgendwas mit Sport, das nicht komplett schrecklich ist.«

»Jetzt konzentrieren wir uns auf unseren kleinen Yogi, den kleinen Egoisten, der in unserer Mitte sitzt«, sagt die Yoga-Lehrerin in einem extra beruhigenden Ton, als ich am Tag darauf mit Amelie meine erste Stunde mache. Obwohl sie mich schon vorgewarnt hatte, dass sie die Lehrerin nicht kennt, hatte ich es mir dann doch nicht so schlimm spirituell vorgestellt. Jetzt tropfen riesige Schweißperlen von meiner Stirn und lassen meine Gliedmaßen im herabschauenden Hund immer weiter auseinanderschwimmen, während im Hintergrund eine Melodie dudelt, die genau so klingt, wie man sich das Wort Chakra als Musikuntermalung vorstellt. Zwanghaft beruhigend eben, wobei ich mein eigenes Spiegelbild gerade ziemlich beunruhigend finde. Jedes Mal, wenn ich in den Spiegel vor uns schaue, blickt mir ein knallroter Schweinekopf entgegen, der aussieht, als würde er gerade am Spieß gedreht werden, während er gleichzeitig versucht, Übungen aus der Schwangerschaftsgymnastik nachzustellen.

»So«, haucht die Lehrerin jetzt wieder von vorne. »Nun wiederholen wir den Sonnengruß«, säuselt sie weiter, während ich zu Amelie schaue und geräuschlos den

Mund bewege: »Ich hasse dich!« Wir strecken uns noch ein paar Mal zur Decke, beugen uns runter, springen in den Stütz, beugen uns vor, wieder runter, Stütz, folgen mit dem einen Fuß dem anderen, beugen, werden zum herabschauenden Hund, werden ein Brett, dann zur Cobra. Als wir endlich im Krieger stehen, drängen sich mir zwei Fragen auf, die mich von meinem Schweiß ablenken, der jetzt wie ein Wasserfall über meinen Rücken läuft. Erstens: Sind diese Yoga-Posen eigentlich wirklich für Menschen gemacht oder nicht doch eher für gelenklose Kobras? Und zweitens: Wie sollte mir das jemals Spaß machen und Erholung bringen?

»Das braucht einfach Übung«, sagt Amelie und zieht ihre Sportjacke über, während wir das Neuköllner Studio verlassen. »Und für dich wäre eine andere Trainerin wahrscheinlich besser«, lacht sie.

»Das Einzige, das mir wirklich gefiel, war diese Totenstellung am Ende. Da bin ich vor Erschöpfung kurz eingeschlafen«, puste ich frustriert heraus.

Amelie lacht. »Das wird schon. Das ist am Anfang viel. Besonders, wenn man so ungelenk ist wie du.«

»Okay, Gwyneth Paltrow.«

Mit einem Muskelkater, der durch meinen ganzen Körper zieht und mich Muskeln spüren lässt, von denen ich gar nicht wusste, dass es sie gibt, knöpfe ich mir am nächsten Abend meinen zweiten Punkt vor: »Irgendwas mit Meditation oder Atmen, das mich zur Ruhe bringt.« Ich setze mich also aufs Bett und öffne die Headspace-

App, die ich mir dafür heruntergeladen habe. Das mag ich schon mal. Einfach auf dem Bett sitzen und mit mir selbst sein. Ganz einfach. »Manchmal wird sich das Meditieren ganz schön schwer anfühlen«, sagt eine männliche Stimme jetzt, während eine Erdnussfigur durch den Bildschirm springt. Mist. Das Bett ist auch falsch, ich solle einen Stuhl finden, sagt die Stimme weiter. Mist. Mist. Einen Stuhl habe ich gar nicht. Nur Barhocker oder Sofa. Na ja, Letzteres wird es auch tun. Meine erste Mediation dauert zehn Minuten, und ich fühle mich beim Ein- und Ausatmen und dem Achten auf alle Körperteile immer mal wieder entspannt und dann so gar nicht, wenn ich darüber nachdenke, ob ich gerade wirklich meinen Körper spüre oder das nur der Muskelkater ist, ob ich meinen Lieblingsschal, den ich verloren habe, irgendwann wiederfinde, und ob ich nach den ersten Sessions für die App wohl bezahlen muss. Dafür bin ich noch nicht bereit. Dennoch beschließe ich am Ende, das diese Woche noch mal zu wiederholen, weil mein Kopf doch ein bisschen leichter sitzt und ich danach besser einschlafe.

Am Wochenende darauf lande ich für Punkt 3, den ich bei Toni abgeschaut habe, in einer Werkstatt im Prenzlauer Berg. Nachdem ich den Chor mit anderen Menschen gemeinsam als Hobby habe, wollte ich jetzt auch eins für mich alleine haben und bin beim Töpfern gelandet. Als Kind habe ich das immer gerne gemacht, und weil ich die meisten Dinge, die ich damals mochte, heute immer noch mag – Disneyfilme, Fischstäbchen mit Kartoffelbrei und Tiefkühlspinat, lange ausschlafen –, war das die logische Konsequenz. Jetzt knete ich Ton, forme, pinsle und streiche. Schon nach kurzer Zeit wird mir klar, dass Töpfern definitiv auf der Liste bleibt, weil ich hier zwischen den Omis endlich mal richtig runterschalte. Außerdem habe ich nach zwei Stunden eine wunderschöne Mausfigur geformt, die jetzt im Ofen genauso rot gebrannt wird wie mein Schweißgesicht im Spiegel des Yoga-Studios.

Weil ich über die folgenden Tage noch mehr Personen in meinen Plan mit der Selbstliebe einweihe, bekomme ich unheimlich viele weitere Tipps, was mir helfen könnte. Meine Freundin Caro aus Hamburg empfiehlt mir »Aufräumen mit Marie Kondo«, was anscheinend aber nur bedeutet, alle Dinge wegzuschmeißen, die einem keine Freude bereiten. Danke, aber das mache ich dank meiner Zwangsstörungen sowieso schon. Meine Kollegin und selbst ernannte Beziehungsexpertin Ellie legt mir einen Ratgeber namens »Give a shit!« ans Herz. Das klingt auch nicht nach mir. Mama will mir einen Mondkalender schicken. Der landet also irgendwann eh in meinem Briefkasten. Was ich aus den Tipps dennoch mitnehme, ist, dass ich auch von außen nach innen arbeiten kann, und so schreibe ich zur großen Liste eine kleine To-do-Liste und besorge mir ganz viel, das mir Freude bereitet, bevor ich in die zweite Woche starte: frische Schnittblumen, ein Kreuzworträtsel, das »Der dicke Rätselfreund« heißt und ich erst mal nur deswegen kaufe, und ein ergonomisches Nackenkissen.

Die zweite Woche ist wie eine Packung Studentenfutter: gemischt. Weil die zweite Yoga-Lehrerin über die Stunde den Soundtrack von O.C., *California* abspielt, gefällt es mir dieses Mal besser. Außerdem schmiert sie jedem Teilnehmenden beim Sonnengruß Öl in den Nacken, das während der Stunde dann so heiß wird, dass ich irgendwann nicht mehr zwischen dem Öl und meinem Schweiß unterscheiden kann, was ich toll finde. Die Meditation vergesse ich mehr, als dass ich sie in meinen Alltag integriere, beziehungsweise ich verdränge sie und lande dann doch wieder bei Netflix und manchmal beim Kreuzworträtsel. Außerdem hat die Maus im Ofen ein Ohr verloren, was aber eigentlich ganz süß aussieht. Was ich nach der zweiten Woche habe: noch mehr Muskelkater und weniger Zeit für meine Freundinnen. Trotz der Teilerfolge bin ich nach der zweiten Woche wirklich geschafft und fühle mich nicht so wie meine beste Version, eher wie meine ausgelaugteste. Soll das so sein?

»Das ist ganz normal, Julius«, sagt Henry, den ich beim gemeinsamen Filmabend am Sonntag zu Rate ziehe. Mit körperlichen Betätigungen kennt er sich schließlich richtig gut aus. »Es ist eben nicht leicht, dranzubleiben. Du musst dich halt jedes Mal aufs Neue überreden. Oft will ich nicht rausgehen und laufen. Manchmal mach ich es dann trotzdem, und manchmal lass ich es sein. Es ist wichtig, sich auch Pausen zu genehmigen«, gibt er mir am Ende die Absolution.

»Na, dann schaue ich mal!«

In der nächsten Woche mache ich es dann doch so, wie Marie Kondo das mit den Möbelstücken macht, und konzentriere mich auf das, was mir Freude bereitet. So gehe ich wieder ins Yoga und zum Omi-Töpfern, während ich die Meditation rausschmeiße und durch Kreuzworträtsel ersetze, was mir überraschend viel Spaß bereitet. Obendrauf schneide ich mir die Fußnägel, obwohl die aktuell sowieso niemand sieht, lasse mir die Haare wieder blond färben, weil das meinem Ego immer einen guten Boost verpasst, entscheide mich einmal beim Abendessen anstelle des Burgers für eine gesunde Bowl, bestelle mir im Internet endlich Hosen in Übergröße, weil ich einsehe, dass ich wirklich mehr als eine Jeans brauche, die mir passt, und an Übergrößen nichts verwerflich ist, und entfolge bestimmt 200 Instagram-Accounts, von denen ich überzeugt bin, dass sie mir mit ihren Erwartungen, Predigten und dem Druck nicht guttun.

»Und wie läuft es mit dem Selbstliebe-Ding? Hast du das Gefühl, du bist schon glücklicher mit dir?«, fragt Lieblingskollegin Anna am Montag, als wir in der Küche des Büros zusammen Tee aufgießen.

»Ich weiß es nicht, ob ich schon glücklicher bin, aber zumindest mache ich was, und ich achte mehr auf mich. Also ja, vielleicht schon ein Stück«, sage ich und das zum ersten Mal, was mir doch ein gutes Gefühl gibt.

»Happy mit sich zu sein ist halt kein permanenter Zustand«, sagt sie jetzt, und ich ahne schon nach drei Wochen, dass sie Recht hat. Das Selbstliebe-Ding ist nicht nur schwieriger, als ich dachte, es ist auch nicht von Dauer. Man muss sich jeden Tag aufs Neue darauf einlassen und darf dabei nicht vergessen, dass es auch okay ist, wenn mal nichts geht.

Als mir Anna jetzt meinen Kamillentee in die Hand drückt, bin ich kurz abgelenkt, weil mir eine Freundin vom Chor schreibt.

»Wir suchen noch immer jemanden, der am Wochenende auf unseren Dackel aufpassen kann. Willst du das machen?«

Und noch während ich die Zeilen lese, breitet sich ein Grinsen über mein Gesicht aus, das von Berlin bis Orange County reicht.

»Nichts würde mich glücklicher machen!«

#21 Kann ich aus meinen Fehlern lernen?

»Also, ich muss wirklich gleich rein! Ich kann zur Chorprobe nicht immer zu spät kommen«, sage ich und ziehe hastig an meiner Zigarette.

»Okay, nur noch eins: Warst du in letzter Zeit eigentlich mal wieder auf einem Date?«, fragt Alisha im selben Tempo wie Lorelai Gilmore.

»Nein, noch nicht«, sage ich, fühle mich für einen Moment schlecht, dann lenke ich ab: »Aber ich komme bald nach Aschaffenburg. So in vier Wochen.«

»Das sind mal gute Nachrichten«, ruft sie durch den Lautsprecher. »Ich vermisse meinen Großstadtjungen.«

»Und ich dich erst«, atme ich den letzten Zug aus. »So, jetzt muss ich aber. Ich liebe dich, mein Schatz«, schmeiße ich die Kippe weg.

»Okay. Ich liebe dich auch. Viel Spaß beim Singen!«

Ich öffne die Tür zur Bar, nehme die Treppe zum Proberaum und haste zwei Stufen auf einmal hoch.

Während ich in die Übungen zum Warmwerden reinplatze und mich zwischen den Tenor quetsche, pikst mich das Schuldgefühl noch mal kurz, weil ich Alisha angelogen habe, was das Dating angeht. Ich hatte vor drei Tagen schließlich mal wieder ein allererstes Date. Mit einem Mann, den ich wirklich gut finde. So gut, dass ich mich noch nicht so ganz bereit fühle, das mit allen zu teilen. Nur Toni ist bisher eingeweiht. Bevor mein schlechtes Gewissen wachsen kann, wird es jetzt von der kräftigen Stimme unserer Chorleiterin übertönt: »So, wir gähnen, um unsere Kiefermuskeln zu lösen!«

»Nichts leichter als das«, denke ich, reiße meinen Mund weit auf und fliege in meinem Kopfkino gleichzeitig wieder zum neuen Mann. Wobei – so neu ist er eigentlich gar nicht. Das erste Mal habe ich ihn schließlich schon vor drei Monaten gesehen, auch wenn es nur auf dem Bildschirm meines iPhones war. Er fing an, mir bei Instagram zu folgen, und weil ich sein Lächeln mochte, seinen Schnauzer noch mehr und mich seine Arbeit als Journalist interessierte, folgte ich ihm zurück.

Bis vor zwei Wochen passierte dann aber kaum etwas außer den üblichen Nettigkeiten. Ihm gefiel immer mal eines meiner Bilder, mir immer mal eines von seinen, er reagierte mal mit einer Gruppe aus Herzaugen auf eine meiner Storys, in der ich Karaoke sang, und ich reagierte mal mit dem lachenden Emoji auf eine seiner Storys, in der er einen politischen Witz erzählte, aber das war es dann auch. Bis er mir vor zwei Wochen eine Privatnachricht schrieb, dass er mich gerne kennenlernen würde. Er hätte ein paar meiner Magazinartikel gelesen, hätte dabei viel gelacht und sich selbst in den Geschichten wiedergefunden, also sei er davon überzeugt, dass wir einen schönen Abend zusammen verbringen könnten. Grinsender Smiley. Für einen Moment hat mich die Nachricht abgeschreckt, weil ich das noch nicht kannte, und Männer, die so etwas schreiben, in Filmen immer Psycho-Stalker sind. Bis ich mir eingestand, dass ich ihn aus der Ferne ja auch betrachtet habe, ihn schon ordentlich abgecheckt hatte, und dass das gegenseitige Mustern über Instagram eigentlich auch nichts anderes ist, als Augenkontakt an einem langen Bartresen aufzubauen. Vielleicht ist es sogar besser, weil man den anderen schon etwas einschätzen kann. So sehr das über Instagram eben geht.

»Jetzt singen wir noch Tomatensalat, und dann können wir richtig loslegen.«

Auch wenn ich meine Zweifel ziemlich gut selbst beseitigt hatte, wollte ich es mit dem Mann trotzdem langsam angehen lassen. Also fragte ich ihn, ob er ein kleines Spiel mitmachen würde. Jeder von uns schreibe dem anderen drei Aussagen über sich. Zwei Wahrheiten und eine Lüge. Sobald wir zwei Runden richtig raten würden, gingen wir auf das Date. Weil er zustimmte, schrieb ich so zum Beispiel: a) In meiner Wohnung steht ein 1 Meter großes Dinokuscheltier, b) Ich kann durch mein Auge pfeifen und c) Ich habe fast so viele Zwangsstörungen wie Monk. Und er schrieb: a) Ich habe Angst vor Schmetterlingen, b) Über ein paar Ecken bin ich mit Arnold Schwarzenegger verwandt und c) Mit 19 habe ich es ins Finale der Deutschen Meisterschaft im Tischtennis geschafft. Es machte nicht nur unheimlich Spaß, mit ihm zu spielen, ich lernte ihn auch wirklich besser kennen.

»Darf ich dich Peter Parker nennen?«, fragte ich dabei irgendwann im Chat.

»Wegen meiner Angst vor Schmetterlingen und Insekten und dem Superheldentick?«

»Nur bis mir was Kreativeres einfällt, okay?«

»Okay!«, antwortet unsere Chorleiterin jetzt, als könnte sie Gedanken lesen. »Als ersten Song wiederholen wir die Ärzte: *Du willst mich küssen*. Der Bass fängt an, und die anderen achten schön aufs Tempo!«

Vor drei Tagen war es dann so weit, und Peter Parker und ich sind auf unser erstes Date gegangen, was er als Überraschung geplant hatte. Ein paar Stunden vorher schrieb er nur: »Hemd statt T-Shirt wäre vielleicht ganz gut.« Also wartete ich am Samstagabend vor dem Bahnhof Zoologischer Garten mit einem schwarzen Hemd unter der Winterjacke und nervösen Händen, die hektisch in die Taschen griffen. Doch als er auf mich zulief, wurden die Hände ruhig. Denn obwohl er verdammt gut aussah – langer, schwarzer Mantel, Sakko und Hemd drunter, Dreitagebart mit dickem Schnauzer –, was meine Nervosität normalerweise noch mal steigern würde, hatte ich direkt dieses Gefühl mit ihm, was ich nicht ganz beschreiben kann. Das sich noch verstärkte, als er nach meiner Hand griff und mich für die ersten Minuten in die richtige Richtung zog. Auch wenn das Handhalten nicht von langer Dauer sein sollte, schickte es mir dennoch ein Kribbeln in den Bauch, und es fühlte sich so an, als hätten wir das schon mal gemacht.

»Und, hast du eine Idee, wo wir hingehen?«, fragte er mich kurz vorm Theater des Westens und schaute mich intensiv an.

»*Tanz der Vampire*?«

»Wahrheit!«

»Julius, es ist Pause!«, schaltet jetzt Amelie nach drei weiteren Songs bei meinem Kopfkino auf Anhalten. Und als ich mit ihr an der Bar sitze, kann ich doch nicht mehr an mich halten, und die Peter-Parker-Geschichte sprudelt nur so aus mir heraus.

»Ja und weiter? Wie war das im Musical?«, fragt sie dann genauso euphorisch wie ich.

»Ganz toll!« Ich zünde mir eine Zigarette an. »Wir haben uns während der ersten Hälfte immer mal wieder so verstohlen angeschaut, da hat schon alles in mir vibriert.«

»Augenfarbe?«

»Grün«, antworte ich.

»Yes, yes, yes! Und dann? Wir haben nur noch eine Minute, bis die anderen sauer werden, dass sie schon wieder auf dich warten«, lacht sie.

»Für die Pause haben wir uns vorher einen Tisch mit Getränken reserviert. So wie das Senioren machen, was ich ja liebe. Und dann haben wir darüber gequatscht, wer uns am besten gefallen hat in den Rollen und …«

»Schneller«, unterbricht Amelie.

»Während der zweiten Hälfte lag seine Hand auf meinem Oberschenkel.«

»Kuss?«, zieht mich Amelie jetzt schon wieder in den Proberaum.

»Trampolin. 20×20 Meter«, flüstere ich ihr ins Ohr, bevor wir uns in Stimmgruppen trennen.

Dieses Hochgefühl zieht sich nicht nur über den Rest der Chorprobe weiter, sondern die gesamte Woche durch. Bis wir uns am Samstag wiedersehen, schreiben Peter Parker und ich unheimlich viel miteinander, und jedes Mal, wenn eine neue Nachricht von ihm auf dem Bildschirm aufblinkt, springt mein Herz kurz in die Kehle und zurück. So dass ich auf der Arbeit so wenig schaffe wie nie und stattdessen High fives verteile.

Am darauffolgenden Samstag treffen wir uns mittags am Alexanderplatz. Auch diesmal hat Peter Parker ein Überraschungsdate geplant, und wieder bin ich erst richtig aufgeregt, bis ich ihn sehe. Er läuft mit zwei Kaffeebechern auf mich zu, drückt mir einen in die Hand und küsst mich.

»Du weißt schon, dass du dir die Messlatte selbst gerade schon ziemlich hochlegst mit deinen Überraschungsdates. Wie willst du das denn noch übertreffen?«, grinse ich ihn von der Seite an.

»Da fällt mir schon noch was ein«, grinst er zurück, und sein Schnauzer kräuselt sich. »Das nächste Date kannst du ja planen. Am besten etwas ganz Unspektakuläres.«

»Das ist meine Spezialität«, lache ich, während er auf einen Sightseeing-Bus zeigt.

»Ihre Kutsche wartet, Herr Kraft«, sagt er jetzt in einer ernsten Erzählerstimme.

»Hast du das gerade echt gesagt?« Ich schüttle den Kopf, dabei springt mein Herz gerade wieder.

»Ja. Den Nerd bekommt man nicht mehr raus.«

Als ich neben ihm in der ersten Reihe des Oberdecks sitze, fühlt sich alles so wie in einem Traum an oder wirklich wie in einer romantischen Komödie. So sehr, dass es mir für einen Moment schwerfällt, dem Ganzen zu trauen. »Kann ein Mann so gut sein, ohne dass es einen Haken gibt?«, kriecht das Misstrauen dann in meine Gedanken. »Schnippst gleich jemand im Bus und swoosh, dann ist er weg? Oder entpuppt er sich doch schneller als beziehungsunfähig, als ein Schmetterling aus dem Kokon schlüpfen kann? Gegen die hat er schließlich eine hartnäckige Phobie, das hat sich ja schon als Wahrheit herausgestellt«, denke ich und starre eine Weile nach draußen, da fährt er mit seinen Fingern in meinen Nacken.

»Alles okay bei dir?« Er durchleuchtet mich mit seinen glitzernden Smaragden. »War der Kommentar mit der Kutsche zu viel?«

»Nein, das fand ich sehr süß«, grinse ich. Er grinst zurück, nimmt mein Gesicht in seine Hände und küsst mich. So lange, bis sich die schlechten Gedanken in Luft auflösen und ich anfange zu lachen, weil sein Schnauzer kitzelt.

Unser drittes Date findet am Montagabend statt. Ich habe ihn zum Abendbrot zu mir nach Hause eingeladen. Unspektakulär ist wirklich meine Spezialität. Auf dem Marmortisch steht eine Käseplatte. *My Girl* ist als Film eingeplant. Als Peter Parker durch den Türrahmen tritt und ich in seine Augen schaue, ist der Plan des Filmabends aber schneller vergessen, als er »Hallo« sagen kann. Er läuft auf mich zu, nimmt mein Gesicht wieder in die beiden Hände und küsst mich. So stark, dass mein ganzer Körper bebt. Ich lasse die Tür zufallen, drücke ihn dagegen und merke jetzt, dass es ihm genauso geht. Ich ziehe ihm das T-Shirt über den Kopf, er knöpft mein Hemd auf, und während wir so voreinander stehen, starre ich für einen Moment fassungslos auf seine Brustbehaarung, seine Arme und die Adern, die sich darüberziehen.

»Dass du dich noch nicht beschwert hast, dass ich dich Peter Parker nenne«, grinse ich ungläubig, weil sein Körper wie das antike Meisterwerk eines Steinmetzes aussieht. »Mit deinem Schnauzer und dem Ganzen hier sollte ich dich eher Superman nennen.«

Er greift nach meiner Hand und zieht mich zu sich. Jetzt küsst er mich ganz sanft.

»Soll ich dir eine Wahrheit sagen?«, fragt er, während er seine Lippen von meinen hebt und seine Fingerspitzen über meine Oberarme wandern.

»Wahrheit!«, wiederhole ich entschlossen.

»Ich finde dich so gut, dass es mir ein bisschen unheimlich ist.«

»Okay«, sage ich nach einer Sekunde, weil ich das erst mal verarbeiten muss, dann: »Wahrheit: Ich finde dich auch so gut. Wahrheit: Wir müssen ins Schlafzimmer. Lüge: Das kann warten«, nehme ich seine Hand und ziehe ihn mit einem kräftigen Ruck mit.

»Das war wirklich ein Horror«, sagt Superman, als wir

auf dem Sofa liegen und die Credits von *My Girl* über den Fernseher laufen.

»Ja, oder?«, sage ich ganz aufgewühlt, während ich mich von hinten auf seiner Schulter abstütze. »Ich fand den Film überhaupt nicht süß. Das ist wirklich ein Horrorfilm.«

»Ganz schlimm«, nickt er.

»Erstens: Jamie Lee Curtis? Mit diesem Mann? Warum?«, sage ich jetzt fast sauer.

»Zweitens: Warum sprechen alle Erwachsenen wie Kinder und alle Kinder wie Erwachsene?«, regt er sich mit auf.

»Ja«, rufe ich heraus. »Drittens: Was soll denn dieser Twist mit den Killerbienen?«

»Absurd«, ruft er, dann dreht er sich zu mir um, so dass wir Stirn an Stirn liegen. »Das hier ist auch ziemlich absurd. Also gut absurd«, flüstert er. Ich fahre über seinen Bart. »Ja.«

Als am nächsten Morgen der Wecker klingelt und ich Supermans Bizeps auf meinem Brustkorb spüre, denke ich noch mal, dass das alles ein Traum sein muss. Dass er mich jetzt zwickt und ich alleine im Bett aufwache. »Vielleicht bin ich auch vor zwei Wochen gestorben, und das ist der Himmel, von dem die Kirche immer spricht. Wobei, wenn es nach denen ging, würde ich ja nicht im Himmel landen«, brauen sich die negativen Gedanken in meinem Kopf wieder zusammen. Vielleicht ist das auch ein ganz schlimmer Prank oder so was. Vielleicht filmt er das gerade alles, um später mit Freunden im Heimkino darüber zu lachen. Diesmal werden die Sorgen noch mal ein Stück größer als beim letzten Mal und lassen sich nicht so schnell auflösen wie im Bus, auch wenn er mir erst süß in den Nacken küsst und wir gemeinsam duschen gehen.

Während Superman uns wenig später beim Bäcker um die Ecke Kaffee und belegte Brötchen holt, rufe ich Toni an, weil ich jetzt gar nicht mehr geradeaus schauen kann und panisch werde.

»Okay«, sagt Toni beruhigend, als sie merkt, dass es wirklich schlimm ist. »Wir gehen jetzt einfach die Checkliste durch, okay? Die einfachen Sachen zuerst: Wohnt er in 'ner WG?«

»Er hat eine eigene Wohnung.«

»Glaubst du, er hat ein *Pulp Fiction*-Poster in seiner Wohnung?«, lacht sie jetzt.

»Das kann ich mir nicht vorstellen.«

»Besitzt er T-Shirts mit College-Slogans? Eine Kollektion von New Yorker?«

»Nein.« Langsam atme ich ruhiger.

»Boxershorts, Boxer Briefs oder Feinripp?«

»Perfekt. Boxer Briefs.«

»Und unter den Briefs?«, grinst sie durchs Telefon.

»Keine Auskunft«, sage ich. Endlich lockern sich meine angespannten Gesichtsmuskeln.

»Okay, okay. Weiter: komischer Fetisch? Puppen, Clowns, tiefe V-Ausschnitte?«

»Nein, nein, nein, nein, hm, vielleicht Füße.«

»Das wäre ja vollkommen okay. Jetzt die härteren Fragen: Denkst du, er könnte ein Serienmörder sein?«, sagt Toni jetzt gewollt ernst.

»Auf gar keinen Fall.«

»Glaubst du, dass er als Kind trotzdem Kröten zum Spaß aufgeschnitten hat?«

»Nein, und das ist sehr spezifisch.«

»Letzte Frage: Wie war das noch mal mit seinem Körper?«, lacht sie erneut.

»Du bist so blöd«, sage ich und lache dabei auch wieder.

»Ich weiß. Also letzte Frage: Glaubst du, er kann eine gesunde Beziehung führen?«

»Schon«, atme ich jetzt aus.

»Julius, was ist denn das Problem? So wie das bisher mit ihm läuft, ist das doch genau so, wie du dir das immer gewünscht hast. Und allein, dass du jetzt gerade anrufst, zeigt ja, dass du so viel mehr auf dein bisheriges Schema sensibilisiert bist und du nicht mehr auf die Beziehungsunfähigen reinfällst. Du hast echt dazugelernt. Also genieß jetzt mal deine romantische Komödie.« Am Ende atmet sie jetzt auch laut hörbar in den Hörer.

»Aber in einer romantischen Komödie gibt es ja auch immer Hindernisse. Und gerade ist das mit ihm einfach alles zu perfekt.«

»Wünschst du dir jetzt Hindernisse? Die kommen nämlich eh irgendwann. Daran musst du keinen der drei Wünsche verschwenden.«

»Nein«, sage ich, und meine Schultern, die über die letzte halbe Stunde so angespannt waren, sacken nach unten.

»Dann legen wir jetzt auf«, sagt Toni entschlossen. »Superman kommt schließlich gleich mit Kaffee und Brötchen durchs Fenster geflogen.«

Nach dem Frühstück, das ich dank Tonis Kopfwäsche wieder genießen konnte, bringe ich Superman zu seinem Auto, das er um die Ecke geparkt hat.

»Shit! Du hast einen Strafzettel«, sage ich, während er seine Tasche auf den Beifahrersitz packt. Er greift in die Tasche, holt einen Stift heraus und nimmt mir den Zettel aus der Hand.

»Was schreibst du denn da jetzt auf?« Ich schaue ihn irritiert an.

»Eine kleine Nachricht für Zukunfts-Julius. Ich bezahle das sowieso erst, wenn die Erinnerung mit der Post kommt«, grinst er, hält den Zettel von sich weg, sodass ich nicht sehen kann, was draufsteht, und küsst mich.

»Ich mag den Sound von Zukunfts-Julius«, flüstere ich, als ich ihn zur Verabschiedung noch mal fest an mich drücke. Er küsst mich und greift tief in meine Bartstoppeln.

»Ich auch.«

#22 Wahrheit!

»Rettung naht!«, ruft Superman, als er am Freitagabend in meine Wohnung tritt. Er lässt seinen Rucksack im Eingang fallen, setzt sich neben mich aufs Sofa und drückt mich fest an sich ran. »Harte Woche?« Er knabbert an meinem Ohrläppchen.

»Harte Woche«, schmatze ich, während ich frustriert in mein Mars-Eis beiße.

»Vielleicht sollte ich die erst mal noch härter machen«, lacht er und öffnet den ersten Knopf meiner Jeans.

»Du bist unmöglich«, nehme ich seine Hand weg. »Siehst du nicht, dass ich gerade noch esse?«

»Mein Röntgenblick zeigt mir doch, dass das eine heimliche Fantasie von dir ist«, greift er wieder an die Jeans und küsst mich.

»Wahrheit?«, lache ich. »Vielleicht hatte ich diese Fantasie wirklich schon mal.«

»Und ich bin unmöglich?«, kräuselt der Schnauzer und öffnet den zweiten Knopf.

»Du klingst richtig gut, Jules«, sagt Alisha, während ich die Treppenstufen im Hausgang runterlaufe, weil ich Superman und mir noch schnell ein richtiges Abendessen beim Vietnamesen besorge.

»Das war vor zwei Stunden noch ganz anders«, lache ich. »Die Arbeit hat mich diese Woche richtig aufgeregt. Gestern habe ich um 16 Uhr einfach zusammengepackt und bin in die Werkstatt zum Töpfern gegangen.«

»Na, aber der Ärger scheint ja recht rasch verflogen zu sein.«

»Das schafft dieser Mann einfach. Der ist wirklich nicht von diesem Planeten«, grinse ich. »Die letzten drei Monate waren wie ein Film«, sage ich und öffne die Tür des Restaurants, in dem ich das Essen bestellt habe. »Alisha, kann ich dich gleich zurückrufen? Ich muss kurz bezahlen.«

»Okay.«

Als ich in meinem Geldbeutel nach Kleingeld krame, wiederhole ich noch mal in Gedanken: Die letzten drei Monate waren wie ein Film. Ich stocke kurz – das waren sie wirklich. Ein bisschen wie ein französischer Film. Seit unseren ersten Dates sind der neue Mann und ich die Stufen einer Beziehung schließlich so leichtfüßig hochgestiegen, wie es mit meinen Exfreunden schwermütig war, und ja, Merlot war auch zur Genüge dabei. Insgesamt ist es anders. Nach einem Monat haben sich Superman und ich entschieden, dass wir das jetzt Beziehung nennen und exklusiv sind. Er hat direkt meinen Kreis kennengelernt und ich seinen, was wirklich easy verlief, außer dass ich beim ersten Aufeinandertreffen zwischen ihm und Pia kurz Angst hatte, dass sie sich jetzt gegenseitig umbringen oder miteinander schlafen oder beides gleichzeitig. Und vor einem Monat ist er auch schon mit mir gemeinsam nach Aschaffenburg gefahren, weil er wissen wollte, was Heimat und Zuhause ist, und so lernte er meine Familie und Alisha kennen. Und auch wenn Papa und er nicht wirklich geredet haben, glaube ich, dass das gepasst hat. Reden ist Silber und so. Mit seinen Eltern und seiner Schwester habe ich auch schon zu Abend gegessen. Da war ich knallrot im Gesicht. Ach, und Schlüssel haben wir auch schon ausgetauscht. Die Beziehung mit ihm ist wirklich wie ein französischer Film oder ein Song von Norah Jones, in dem immer ein positives Grundgefühl mitschwingt. Und selbst wenn es mal dissonant wird, wenn wir uns streiten, löst es sich in einem harmonischen Akkord auf. Vielleicht nicht nach vier Minuten, aber nach dem zweiten Gespräch darüber. Mann, bin ich verliebt.

»Da bin ich wieder«, sage ich mit H1 und dem Curry des Tages im Gepäck. »Was sind denn die News bei dir?«

»Groß sind sie. Es gibt große News«, kündigt Alisha an.

»Ja, was denn?«, werde ich ungeduldig.

»Er hat einen Antrag gemacht«, schreit sie in den Hörer. »Wir heiraten, und ich habe auch schon einen Trauzeugen im Auge, oder sagen wir am Telefon«, quiekt sie jetzt.

»Was?«, schreie ich zurück. »Das ist ja krass! Glückwunsch!«, rufe ich weiter. Alisha und ich quieken noch den gesamten Rückweg zur Wohnung zusammen und planen und freuen uns.

»Du weißt schon, dass ich eine Rede halten werde«, sage ich am Ende.

»Ich hätte dich sonst eh dazu gezwungen. Wir brauchen ja jemanden, der uns zum Weinen bringt. Ach so, und du stehst plus Superman auf der Liste. Okay?«

»Mehr als das«, springe ich die Treppenstufen zur Wohnung hoch.

»Wollen wir wirklich aufstehen?«, flüstert das zukünftige Plus Eins, als wir am nächsten Morgen von der Aprilsonne aufwachen. Er rutscht an mich heran.

»Wir können hier auch liegen bleiben. Du weißt ja, ich und die Kuhle«, flüstere ich, drehe mich um und küsse ihn.

»Man schmeckt die roten Gauloises wirklich überhaupt nicht«, lacht er nach dem Kuss und drückt meine Lippen mit Zeigefinger und Daumen zusammen. Ich schnipse ihm gegen die Schulter.

»Ich schmecke den Knoblauch vom Curry auch gar nicht.«

»Das ist nur, um Vampire wie dich abzuhalten, aber irgendwie klappt es nicht.« Er beißt mir in den Hals.

»So Graf von Krolock, machen wir heute noch den Ausflug zum Baumkronenpfad oder ist uns das zu anstrengend«, frage ich, als wir uns nach zwei Stunden doch in die Küche geschleppt haben und ich ihm eine Tasse Kaffee eingieße.

»Kannst du mich noch mal nach dem Kaffee fragen?«, sagt er, legt eine Scheibe Brot auf den Teller und schmiert mit dem Messer Butter aufs Brot. Ich muss lachen, weil ich mich daran erinnere, dass ich mit den Männern, die vor ihm kamen, irgendwann immer den Butterbergtest machte. Im Test stellte ich ihnen den Berg – in dieser Form kaufe ich meine Butter – und eine Scheibe Brot zum Essen hin, bevor ich Wurst, Käse und mehr aus dem Kühlschrank holte. Dann beobachtete ich sie, wie sie den Berg mit dem Messer angingen. Ob sie ihn feinsäuberlich seitlich abtrugen, so wie ich das für gewöhnlich mache, oder sie den Berg durch ihre rücksichtslose Grobmotorik zu Fall brachten. Obwohl dieser Test eine gute Portion Unzurechnungsfähigkeit meinerseits aufwies, habe ich ihn gemacht, weil ich dachte, dadurch Antwort auf eine der vielen Fragen zu finden, die bei den Expartnern auftauchten. Achten sie auf mich? Können sie ihre Zuneigung nur nicht richtig zeigen? Sind sie auch verliebt? Wenn sie den Butterberg zerstörten, war das dann für mich, als hätten sie einen Zen-Garten plattgewalzt, und auf die Fragen, die vorher schon vorhanden waren, stapelten sich noch mehr. Sie hatten den Empathietest schließlich nicht bestanden.

»Unsicherheit war das«, denke ich, als ich einen Schluck Kaffee schlürfe. »Weil die vorigen Männer nie richtig kommunizierten oder eindeutiges Feedback gaben.« Jetzt atme ich durch. »Das ist Vergangenheit.«

»Den Ausflug machen wir morgen, okay?«, grinst Superman jetzt. »Also natürlich nur, weil du dann noch mehr Kuhle bekommst.«

»Natürlich«, drücke ich seine Lippen zusammen, und während ich in seine grünen Augen schaue, fährt noch ein anderer Gedanke in meinen Kopf, der selbst für mich kitschig ist und der mich kichern lässt wie ein Teenager: »Bei ihm habe ich keine Fragen mehr. Der sieht mich.«

Wir verbringen den Tag also zwischen Couch und Bett und mit einer ganzen Reihe an romantischen Komödien. Das müsse jetzt sein als Inspirationsquelle für Alishas Hochzeit, sage ich, dabei haben Alisha und ich natürlich längst eine Pinterest-Pinnwand dafür erstellt. Wir könnten ihre Hochzeit easy in zwei Monaten aus dem Boden stampfen.

Nach zweimal Julia Roberts, einmal Kate Hudson und einer halben Meg Ryan ist der Mann neben mir auf dem Sofa eingeschlafen.

»Bestimmt nur der Rotwein, sonst wäre das unverzeihlich«, denke ich und stupse ihn an. »Erde an Krypton«, küsse ich seine Stirn, da öffnet er die Augen. »Soll ich dich rübertragen? Ich glaube, ich könnte das schaffen. Meine Bizepse sind kräftiger, als sie aussehen.«

»Ich kann schon selbst aufstehen«, grinst er, setzt sich auf, nimmt meine Hand, und wir laufen gemeinsam ins Schlafzimmer.

»Putzen wir uns noch die Zähne?«, frage ich, als er das Bett ansteuert.

»Ist okay, wenn nicht?«, fragt er zurück und schaut mich mit einem Hundeblick an, dem ich nicht widerstehen kann.

Als wir im Bett liegen, rutscht er ganz nah an mich, sodass seine Stirn auf meine trifft. Er küsst mich, dann rutscht er ein Stück weg und schaut mich an. Eine ganze Weile, und ich merke, dass sein Körper unruhig wird.

»Kann ich dir noch was sagen?«, fragt er schließlich und kramt mit seiner rechten Hand in der Schublade der Kommode, während er mit der linken über meinen Arm streichelt.

»Ja!«, sage ich. Er küsst mich und zieht den Strafzettel aus dem Fach.

»Ich liebe dich«, flüstert er.

Für einen Moment setzt alles in mir aus, und gleichzeitig fliege ich so weit nach oben, wie Supermans Heimatplanet entfernt ist. Ich schaue in seine Augen, da dreht er den Zettel vor meine: WAHRHEIT!

Ich schüttle den Kopf, dann küsse ich ihn, greife an seine starken Arme, lege meine Stirn wieder an seine und flüstere gefasst: »David?«

»Ja?«, fragt er.

»Wahrheit.«

Dank

Zuallererst möchte ich mich bei der wichtigsten Person in meinem Leben bedanken – bei Mami. Wenn alles um mich herum zusammenbricht, drückst du mich ganz fest an dich und ich fühle mich geliebt. Ich liebe dich so, so sehr!

Mein großer Dank geht an Doreen Fröhlich, meine wunderbare Lektorin, die mit den Texten und mir so unglaublich einfühlsam umgegangen ist, und an den gesamten Goldmann Verlag. Ebenso gilt großer Dank meinem Agenten Daniel Mursa und der Agentur Petra Eggers. Danke, Daniel, dass du daran geglaubt hast, dass da ein Buch in mir schlummert, oder sogar mehr, und für die beruhigenden e-Mails.

Ich danke dem Originalteam von *Romeo und Julius*, dem Team von *Mit Vergnügen*. Danke Matze und Charlott, dass ihr mich vor so vielen Jahren in eurer kleinen, geilen

Familie aufgenommen habt, und ich dort als Autor erwachsen werden durfte. Danke, Ilona, für das feinfühlige Betreuen der Kolumne, ich konnte ganz viel von dir lernen. Und danke Hella, du hast mich immer ins beste Licht gerückt.

Gesina, Florence und Maxi: Ihr seid unglaublich! Danke, dass ihr mit mir über jede der 22 Storys so lange gequatscht habt, bis wir sie nicht mehr hören konnten. Ihr habt so viel zu diesem Buch beigetragen. ICH LIEBE EUCH!

Ich danke Linda, Bonnie, Clara, Holger und Oli, Vivien, Jana und Jelka, Mali und Hanna, Sophia, Kathrin, Marius, Anna und Katja, Lisa, Henni und Helena, Katrin und Veronica. Danke für die Rotweinnächte und guten Gespräche, den harten Support und die bedingungslose Liebe. Ihr seid der beste Kreis überhaupt. Wahrheit!

Außerdem danke ich meinem tollen Papa und meinen beiden Brüdern. Es war nicht immer nur easy mit uns, aber wo ist es das schon. Danke, dass ihr heute so stark an meiner Seite steht, auch wenn ihr meine Popkultur-Referenzen die meiste Zeit nicht versteht. Ich liebe euch sehr.

Zu guter Letzt … Danke an all die Männer, die mich gedatet haben, geküsst oder ignoriert, geliebt und geghostet. Neben dem Herzschmerz waren da so viele wunderschöne Momente dabei.